首都经济贸易大学·法学前沿文库

新时代背景下盗窃罪治理模式研究

刘传稿 著

Study on the Governance Model of
Larceny in the New Era

中国政法大学出版社
2021·北京

声　明　1. 版权所有，侵权必究。

　　　　2. 如有缺页、倒装问题，由出版社负责退换。

图书在版编目（CIP）数据

新时代背景下盗窃罪治理模式研究/刘传稿著. —北京：中国政法大学出版社，2021.10
ISBN 978-7-5764-0140-0

Ⅰ.①新… Ⅱ.①刘… Ⅲ.①盗窃罪－研究－中国 Ⅳ.①D924.354

中国版本图书馆CIP数据核字(2021)第208742号

出 版 者	中国政法大学出版社	
地　　址	北京市海淀区西土城路 25 号	
邮寄地址	北京 100088 信箱 8034 分箱　邮编 100088	
网　　址	http://www.cuplpress.com（网络实名：中国政法大学出版社）	
电　　话	010-58908441(编辑室) 58908334(邮购部)	
承　　印	固安华明印业有限公司	
开　　本	880mm×1230mm　1/32	
印　　张	6.5	
字　　数	150 千字	
版　　次	2021 年 10 月第 1 版	
印　　次	2021 年 10 月第 1 次印刷	
定　　价	30.00 元	

首都经济贸易大学·法学前沿文库
Capital University of Economics and Business library, frontier

主　编　张世君

文库编委（按姓氏拼音排列）
　　　高桂林　金晓晨　焦志勇　李晓安　米新丽
　　　沈敏荣　王雨本　谢海霞　喻　中　张世君

总 序

首都经济贸易大学法学学科始建于1983年。1993年开始招收经济法专业硕士研究生。2006年开始招收民商法专业硕士研究生。2011年获得法学一级学科硕士学位授予权,目前在经济法、民商法、法学理论、国际法、宪法与行政法等二级学科招收硕士研究生。2013年设立交叉学科法律经济学博士点,开始招收法律经济学专业的博士研究生,同时招聘法律经济学、法律社会学等方向的博士后研究人员。经过30年的建设,首都经济贸易大学几代法律人的薪火相传,现已经形成了相对完整的人才培养体系。

为了进一步推进首都经济贸易大学法学学科的建设,首都经济贸易大学法学院在中国政法大学出版社的支持下,组织了这套"法学前沿文库",我们希望以文库的方式,每年推出几本书,持续地、集中地展示首都经济贸易大学法学团队的研究成果。

　　这套文库既然取名为"法学前沿",那么,何为"法学前沿"?在一些法学刊物上,常常可以看到"理论前沿"之类的栏目;在一些法学院校的研究生培养方案中,一般都会包含一门叫作"前沿讲座"的课程。这样的学术现象,表达了法学界的一个共同旨趣,那就是对"法学前沿"的期待。正是在这样的期待中,我们可以发现值得探讨的问题:法学界一直都在苦苦期盼的"法学前沿",到底长着一张什么样的面孔?

　　首先,"法学前沿"的实质要件,是对人类文明秩序做出了新的揭示,使人看到文明秩序中尚不为人所知的奥秘。法学不同于文史哲等人文学科的地方就在于:宽泛意义上的法律乃是规矩,有规矩才有方圆,有法律才有井然有序的人类文明社会。如果不能对千差万别、纷繁复杂的人类活动进行分门别类的归类整理,人类创制的法律就难以妥帖地满足有序生活的需要。从这个意义上说,法学研究的实质就在于探寻人类文明秩序。虽然,在任何国家、任何时代,都有一些法律承担着规范人类秩序的功能,但是,已有的法律不可能时时处处回应人类对于秩序的需要。"你不能两次踏进同一条河流",这句话告诉我们,由于人类生活的流动性、变化性,人类生活秩序总是处于不断变换的过程中,这就需要通过法学家的观察与研究,不断地揭示新的秩序形态,并提炼出这些秩序形态背后的规则——这既是人类生活和谐有序的根本保障,也是法律发展的重要支撑。因此,所谓"法学前沿",乃是对人类生活中不断涌现的新秩序加以揭示、反映、提炼的产物。

　　其次,为了揭示新的人类文明秩序,就需要引入新的观察视角、新的研究方法、新的分析技术。这几个方面的"新",可以概括为"新范式"。一种新的法学研究范式,可以视为"法学前沿"的形式要件。它的意义在于,由于找到了新的研究范式,人们可以洞察到以前被忽略了的侧面、维度,它为人们认识秩序、认识法律提供了新的通道或路径。依靠新的研究范式，甚至还可能转换人们关于法律的思维方式，并由此看到一个全新的秩序世界与法律世界。可见，法学新范式虽然不能对人类秩序给予直接的反映，但它是发现新秩序的催生剂、助产士。

再其次，一种法学理论，如果在既有的理论边界上拓展了新的研究空间，也可以称之为法学前沿。在英文中，前沿（frontier）也有边界的意义。从这个意义上说，"法学前沿"意味着在已有的法学疆域之外，向着未知的世界又走出了一步。在法学史上，这种突破边界的理论活动，常常可以扩张法学研究的范围。譬如，以人的性别为基础展开的法学研究，凸显了男女两性之间的冲突与合作关系，就拓展了法学研究的空间，造就了西方的女性主义法学；以人的种族属性、种族差异为基础而展开的种族批判法学，也为法学研究开拓了新的领地。在当代中国，要拓展法学研究的空间，也存在着多种可能性。

最后，西方法学文献的汉译、本国新近法律现象的评论、新材料及新论证的运用……诸如此类的学术劳作，倘若确实有助于揭示人类生活的新秩序、有助于创造新的研究范式、有助于拓展新的法学空间，也可宽泛地归属于法学理论的前沿。

以上几个方面，既是对"法学前沿"的讨论，也表明了本文库的选稿标准。希望选入文库的每一部作品，都在法学知识的前沿（frontier）地带做出了新的开拓，哪怕是一小步。

喻　中
2013 年 6 月于首都经济贸易大学法学院

序言 PREFACE

卢建平*

传稿于2014年从中国人民大学博士毕业后,进入北京师范大学刑事法律科学研究院,在我的指导下,从事博士后研究工作。这本书源于他的出站报告,该题目是我给他的命题作文。

盗窃罪是一个古老传统的犯罪,关于盗窃罪的研究可谓汗牛充栋,但我希望能绕开刑法规范学或者解释学的思维方式,从犯罪治理的视角对盗窃罪展开别开生面的研究。之所以选择盗窃罪,主要是因为1979年《中华人民共和国刑法》(以下简称《刑法》)施行以来,在公安机关立案的刑事案件中,盗窃案件一直占比最高,有的年份曾高达80%以上。尽管近年来,盗窃案件在公安机关立案的刑事案件中的比重有所下降,在2019年、2020年检察机关提起公诉和全国法院一审审判的刑事案件中,醉驾型的危险驾驶案件数量已超过盗窃案件数量,成为起诉、审判环节占比最高的犯罪,但对盗窃罪展开研究仍然有相当的必要性。首先,盗窃仍是"案发大户",尽管在公诉、审判环节,醉驾型危险驾驶已经位列第一,但在侦查阶段,根据现有数据,盗窃案件的占比依然最高。对于我国整体犯罪治理而言,盗窃罪仍然是最重要的犯罪,治理好盗窃罪,就等于

---

* 北京师范大学法学院教授、博士生导师,法国蒙彼里埃大学法学博士。兼任中国刑法学研究会副会长、中国犯罪学研究会副会长、最高人民法院刑事审判庭第三庭副庭长(挂职)、国际刑法学协会理事及中国分会常务副主席。

抓住了犯罪治理的"牛鼻子"。其次，盗窃罪治理的主要问题并没有解决，比如，盗窃罪的治理模式问题、盗窃罪背后涉及的警察权和司法权的问题等。最后，进入新时代，我国的犯罪结构发生了明显的变化，我把它概括为"双升双降"，即严重暴力犯罪的数量和重刑犯的比例在下降，与之相对的是轻（微）罪的数量和轻刑犯的比例在上升。面对这种新形势，犯罪治理的重点应该转移到轻微犯罪方面。对此，如何从立法层面应对日益增多的轻微犯罪是一个颇为紧迫的问题。尽管盗窃罪不是一个典型的轻罪，但是，本书关于盗窃罪治理模式、犯罪化等内容的讨论，对于轻微犯罪的治理仍然具有一定的借鉴意义，其背后的治理理念、治理原理应是相通的。综上，研究盗窃罪的治理模式，对于推进我国犯罪治理体系和治理能力现代化具有重要意义。

该书是一本刑事政策学或曰犯罪治理学的专著，因此明显区别于传统刑法学的著作。其特点在于：

第一，以大量数据为基础展开研究并得出结论。在写作过程中，本书搜集了1979年以来我国官方公布的盗窃治安案件和盗窃刑事案件的数据，此外还有部分其他犯罪的数据，尽管这算不上严格意义上的实证研究，但以这些数据为基础展开讨论，能够更客观地发现问题、抓住要害，得出的结论也比较公正、可信。例如，二元制治理模式的弊端，特别是二元制治理模式对于我国刑事政策的制定可能产生的消极影响，就是以多年的案件数据为依据，通过分析立法、司法变迁而得出的结论，具有较强的说服力。

第二，对盗窃罪的治理模式进行了较为深入的研究。新中国成立后，严格来说是1979年《刑法》实施后，我国对具有社会危害性的不法行为分别适用治安管理处罚法和刑法进行规制，实行二元制治理模式。二元制的划分依据并非不法行为的性质，而是不法行为的"量"，例如根据数额大小、情节严重程度等，分别认定为行政不法和刑事不法，盗窃行为即是典型。本书对二元制治理模式的优劣进行了深入分析，特别揭示了二元制治理模式的诸多弊端，例如，可能出现人为操纵犯罪数据，导致刑事政策制定的依据失实；警察权不当扩张，挤压司法权，不利于保护当事人的合法权益；盗窃行为的治理效能低下，不符合系统治理、源头治理、科学治理和依法治理的现代治理理念；等等。在此基础上，进一步分析了一元制治理模式的相对优势，对我国实行盗窃行为的一元制治理模式从理论层面提出了大胆的假设和探讨。尽管在我国确立盗窃行为的一元制治理模式会面临种种困难，在现阶段的可能性不会很大，但这种理论研究对于我们探索现代意义上的犯罪治理无疑具有启示作用。

第三，关于犯罪化的支持。犯罪化是近年来我国刑事立法的一个趋势，说明刑法参与社会治理的广度和深度都在拓展。从1979年《刑法》的129个罪名，到1997年《刑法》的413个罪名，再到《中华人民共和国刑法修正案（十一）》（以下将《中华人民共和国刑法修正案》简称为《刑法修正案》）通过后的483个罪名，可以看出我国犯罪化力度之大、趋势之稳定。但相对而言，目前我国的犯罪圈仍然处于"小而重"的状态，即罪名过少，刑罚偏重，继续推进犯罪化特别是部分轻微不法行为的犯罪化应当是未来刑事立法的重点。实行盗窃罪的一元制治理，原来的盗窃治安案件都将转化为盗窃刑事案件，由违反治安的行为转变为犯罪行为，实际上是犯罪化的体现。因此，犯罪化也是本书不可或缺的讨论内容。当前，确立一元制治理模式之所以困难重重，除了我国二元制的历史惯性和权力划分等因素，也存在一系列令人担忧的问题。基于此，本书对这些问题进行了释疑，重点从一元制治理模式会不会导致犯罪数量的激增和犯罪率的上升、会不会导致司法资源短缺、会不会导致治理成本过高、会不会影响刑法的出罪功能等方面展开讨论，最后得出的结论是：实行一元制治理模式，不仅不会出现人们担忧的上述问题，还具有一定的相对优势。本书结合中国语境，立足于中国的实践经验，详细论证了一元制治理模式有利于限制警察权、提升司法权，可以更有效地保护公民权利和自由，可以从根本上更有效地治理犯罪等诸多优势，为深入了解一元制治理模式提供了新的视角，为犯罪化的推进提供了理论支撑。

第四，犯罪分层的推进。犯罪分层，是指根据犯罪的严重程度将所有犯罪划分为不同层次的犯罪分类方法。一直以来我都力推犯罪分层，在2008年，我也曾撰文《犯罪分层及其意义》刊发于《法学研究》上，但我国刑事立法对于犯罪分层的重视似乎不够。随着犯罪化进程不断深入，特别是《刑法修正案（八）》至《刑法修正案（十一）》将大量的轻微不法行为入罪入刑，极大地改变了犯罪的结构，刑法由"小而重"向"大而轻"转变，轻微犯罪的比重日益提高，在此背景下，犯罪分层显得更为重要。2019年1月，习近平总书记在中央政法工作会议上指出，"要深化诉讼制度改革，推进案件繁简分流、轻重分离、快慢分道"。在刑事方面，刑事诉讼制度的改革是实体法和程序法共同推进的刑事一体化的过程，2018年修正的《中华人民共和国刑事诉讼法》（以下简称《刑事诉讼法》）已确立了多层次的刑事诉讼模式，但刑法仍然将轻重犯罪混为一体，类似平板一块、大饼一张，没有实现轻重犯罪分离，形成由轻而重的立体架构，这不符合科学治理的原则。习近平总书记的讲话让我们认识到了借鉴犯罪分层理论，探索中国轻重犯罪分离的必要性和紧迫性。本书在介绍犯罪分层理论的同时,提出了我国犯罪分层应坚持的标准,并初步探讨了我国轻重犯罪分离的未来图景。这对于我国未来的刑事政策调整、刑事立法乃至整体的犯罪治理,都具有积极的理论价值和重要的实际意义。

当然,本书也存在一些有待商榷和进一步完善的地方。例如,关于一元制治理模式的讨论中,一元制治理模式虽然具有相对优势,但必然牵动诸多方面的改革,这不是单凭刑事立法就能解决的,本书对推行一元制治理引发的配套改革应有必要的回应。再如,关于犯罪分层的论述,本书讨论的理论深度稍显不足,对于我国既有实践的关注也有待加深;犯罪分离和犯罪分层有哪些异同,关于犯罪分离的论证仍显薄弱等。希望作者在现有研究基础上展开进一步的分析思考,尽力弥补以上缺憾,并为我国的犯罪治理提供积极的智力支持。

2021 年"五一"假期
于京西时雨园

前言

在对社会、国家治理的理念和方式上，从新中国成立后至今，有一个明显的转变，即从依靠政策到依靠法律，这种变迁也体现了国家对社会发展的规律、对法律的认识在逐渐加深，法律的地位在不断提高，法律的作用在不断增强。新中国是在炮火烽烟中产生的，不是靠法律约束而是靠武力斗争建立的，并且根据马克思主义的法律观，"法律是阶级压迫的工具"，并非全体社会成员的共识。因此，基于特定历史背景和思想观念，新中国成立初期，尽管社会主义法制建设取得了很大成绩，陆续制定了一些法律，但是，整个法律体系尚在初建之中，[1]以法典为主体的部门法体系仍然没有确立，特别是缺乏民法、刑法两部极为重要的部门法。此外，在当时的时代背景下，法律仅是治理国家的辅助手段，实际发挥作用的主要是政策。实践证明，在和平建设时期，国家无法而治不可能走向繁荣，改革开放前国家经历的曲折也证明国家和社会必须依法而治。所以，改革开放以后，国家对法律日益重视，越来越强调法律治理的作用。邓小平同志明确提出：为了保障人民民主，必须加强法制。国要有国法，党要有党规党法。[2]改革开放以来，我国开展了大

---

[1] 参见全国人大常委会办公厅研究室编著：《人民代表大会制度建设四十年》，中国民主法制出版社1991年版，第101—102页。
[2] 参见《邓小平文选》（第二卷），人民出版社1983年版，第145—147页。

量的立法工作,建立健全了法律体系,步入了法制建设的正轨。1999年,"中华人民共和国实行依法治国,建设社会主义法治国家"写入宪法。2014年10月23日,党的十八届四中全会通过的《中共中央关于全面推进依法治国若干重大问题的决定》提出依法治国是坚持和发展中国特色社会主义的本质要求和重要保障,是实现国家治理体系和治理能力现代化的必然要求。2019年10月31日,党的十九届四中全会通过的《中共中央关于坚持和完善中国特色社会主义制度 推进国家治理体系和治理能力现代化若干重大问题的决定》明确强调:"必须坚定不移走中国特色社会主义法治道路,全面推进依法治国,坚持依法治国、依法执政、依法行政共同推进,坚持法治国家、法治政府、法治社会一体建设,加快形成完备的法律规范体系、高效的法治实施体系、严密的法治监督体系、有力的法治保障体系,加快形成完善的党内法规体系,全面推进科学立法、严格执法、公正司法、全民守法,推进法治中国建设。"可见,随着社会的发展,我国对法律的作用和意义的认识日益深刻,法律被赋予更加神圣的时代使命。历史证明,依法治国是历史发展的必然,是社会民主化、民主法制化的体现,更是保障国家长治久安的根本法宝。[1]

本书之所以选取盗窃罪作为研究对象,是基于以下理由:第一,盗窃案件在违法犯罪案件总量中的比重最高,自1979年以来,盗窃案件在刑事案件中年均占比在60%以上;自1986年以来,盗窃案件在治安案件中年均占比在30%以上。可见,把盗窃案件治理好,就抓住了社会治理的"牛鼻子"。第二,盗窃在一定程度上能够反映社会发展的状况。在中国经济发展、社

---

〔1〕参见肖辉、张乔:"1999年依法治国写入宪法",载正义网,http://review.jcrb.com/200709/ca636914.htm,访问日期:2020年12月30日。

会变迁、人民累积财富（奔富之路）的过程中，对盗窃罪的治理具有特别的社会意义（或者政治意义）和研究价值。一般而言，盗窃在经济落后、人民生活水平落后的情形下是常见易发的违法犯罪行为。系统研究盗窃案件，可以在一定程度上了解我国经济发展水平以及社会财富分布状况。第三，盗窃罪是典型数额犯，依数额而定罪量刑，而数额标准与时俱进式的调整，不仅影响犯罪治理的整体绩效，也影响刑法犯罪圈、刑罚体系与司法程序等方方面面，引起刑事立法与司法的变动，具有特殊的法律意义。第四，盗窃罪的治理涉及行政法与刑法的关系、警察权与司法权的调整等，特别是在当前我国警察权扩张、司法权弱势的情形下，更应依法规范警察权：依法设定权力、行使权力、制约权力、监督权力，推进机构、职能、权限、程序、责任法定化。《中共中央关于坚持和完善中国特色社会主义制度推进国家治理体系和治理能力现代化若干重大问题的决定》也明确提出，需"严格规范公正文明执法，规范执法自由裁量权"。当然，变革盗窃罪治理模式，会直接影响中国传统刑法理论和犯罪治理模式，甚至对其提出挑战。因此，盗窃罪的研究对于我国刑法学及犯罪治理都具有重要价值。

在全面推进依法治国的时代背景下，刑法的作用是不可忽视的，作为刑法重要调整对象的盗窃罪同样不可忽视。受传统法律文化"法不责众"和马克思主义刑法政治定义的影响，我国刑法只处罚严重危害社会的行为，对于危害性相对较小的行为实行治安管理处罚。这样就确立了刑事处罚和治安管理处罚的二元制治理模式。治安管理处罚处理了大量的危害行为，因此刑法就呈现出"小而重"的状态。就盗窃罪而言，1979年《刑法》只惩罚数额较大的盗窃行为，对于大量数额较小的盗窃行为实行治安管理处罚。相对于国外对盗窃罪的一元制治理模式,即只要是盗窃行为,不论盗窃数额多少,都认定为犯罪,我国实际上等于公安机关代替法院对部分盗窃案件进行"裁决",背后是行政权(警察权)的扩张和司法权的式微。这与当代国际社会对盗窃罪的治理不同,现代法治国家一般实行一元制治理模式:盗窃即是犯罪,盗窃数额不是罪与非罪的区分标志。随着社会的发展、法治的进步,刑法逐渐由严厉性向宽缓化转变,其功能也逐渐丰富,由惩罚法逐渐向教育法、预防法转变。加上治安管理处罚本身存在一些难以克服的缺陷,致使刑法对社会治理的参与程度越来越大,部分治安案件逐渐被提升为刑事案件,于是就出现了治安管理处罚日渐萎缩,犯罪圈逐步扩大的趋向。在这一时代背景下,是坚持原来的二元制治理模式,还是将盗窃行为均纳入刑法的规制范畴,确立盗窃罪的一元制治理模式,便成为一个值得探讨的问题。进一步延伸,如果施行一元制治理模式,将所有的盗窃行为都认定为犯罪,盗窃刑事案件的数量将会大幅增加,面对轻重不同的盗窃罪,应如何进行有效治理,也是一个重要的法治建设问题。

本书将盗窃罪的治理模式作为研究的核心,但并非将盗窃罪仅囿于规范刑法学的范畴进行探讨,而是更倾向于在广义刑事政策的语境下进行讨论。在这里,刑事政策是在犯罪治理理论下重新概述的,本书将其重新表述为寻求对犯罪这一公共事务进行科学治理之道,即刑事政策是"在准确观察犯罪现象的基础上确立合理的目标并组织参与者选择科学的路径和方法所构建起的犯罪事务治理之道"。[1]亦即,在新时代我国全面推进依法治国的背景下,结合犯罪学、刑事政策学和规范刑法学,对盗窃罪的治理模式及其背后的原因进行研究,总体思路是以

---

〔1〕 卢建平:"刑事政策与犯罪治理",载《刑事政策与刑法制度变革》结项报告,第11页。

新中国成立后不同时期盗窃罪的立案标准及其制定依据为研究对象，探寻影响盗窃罪立案标准的因素、盗窃罪背后公权力的界限划分。根据我国刑事治理的现状，结合现代治理理念，从理论上探索一元制治理模式，进而在犯罪分层理论下完善我国的刑法体系。通过对盗窃罪立案标准的研究，发现相应的犯罪原因和犯罪规律，可以窥一斑而知全豹，从而提出我国犯罪治理的对策。所以，本书也离不开犯罪学的研究成果和数据。犯罪学是对犯罪、犯罪控制和犯罪观的研究，[1]是研究犯罪现象的产生、发展、变化规律，寻求犯罪原因，探索预防、减少乃至消灭犯罪之对策的一门综合性学科。[2]本书通过对盗窃罪的历史观察、治理模式比较，利用犯罪学的部分理论和成果，选择合适的刑事政策，为盗窃罪的治理模式的确立选择合适的依据，最终达到有效治理和预防犯罪的目的。

---

[1] Dermot Walsh and Adrian Poole, *A Dictionary of Criminology*, Routledge & Kegan Paul, 1983, p.56.

[2] 康树华：《犯罪学——历史·现状·未来》，群众出版社1998年版，第3页。

目录
CONTENTS

第一章 盗窃罪的历史治理论要 …………………… 001

第一节 盗窃罪的历史发展 …………………………… 001

一、国外法律对盗窃罪规制的历史演化 ………… 001

二、我国法律对盗窃罪规制的历史演化 ………… 006

第二节 新中国成立后盗窃行为二元制治理模式的
确立 …………………………………………… 010

一、苏联盗窃罪的刑事立法 ……………………… 012

二、我国盗窃罪的刑事立法 ……………………… 014

三、我国盗窃罪的刑事司法 ……………………… 022

第二章 二元制模式下盗窃罪的治理 ……………… 031

第一节 二元制治理模式对盗窃行为的规制 ……… 031

第二节 二元制治理模式下盗窃案件的新趋势 …… 039

第三节 二元制治理模式下"但书"的规制作用 …… 042

一、"但书"及其历史演变 ………………………… 042

二、"但书"的利与弊 …………………………………… 047

第三章　盗窃罪治理模式比较 …………………………… 060
第一节　盗窃罪治理模式简述 ………………………… 060
一、盗窃罪一元制治理模式简述 …………………… 060
二、盗窃罪二元制治理模式简述 …………………… 062
第二节　盗窃罪治理模式的利弊分析 ………………… 064
一、一元制治理模式的利与弊 ……………………… 064
二、二元制治理模式的利与弊 ……………………… 072
三、小结 …………………………………………… 080
第三节　盗窃罪治理模式的一元制选取与释疑 ……… 083
一、一元制治理模式的选取 ………………………… 083
二、一元制治理模式释疑 …………………………… 085
第四节　一元制治理模式下犯罪圈的扩大 …………… 098
一、对非犯罪化理由的质疑 ………………………… 099
二、犯罪圈扩大的正当性 …………………………… 110

第四章　一元制治理模式下的轻重犯罪分离 ……… 124
第一节　犯罪分层模式及标准 ………………………… 124
一、犯罪分层模式 …………………………………… 125
二、犯罪分层标准及评价 …………………………… 128
第二节　我国理论界对犯罪分层的探讨 ……………… 131
第三节　本书坚持的分层标准 ………………………… 134
一、以实质标准为主兼顾形式标准的综合标准 …… 134

二、以法定刑为 3 年和 1 年有期徒刑作为重罪、
　　轻罪与微罪的划分界限 ········· 144

第五章　一元制治理模式下刑法体系的完善 ········ 148
第一节　刑罚体系的改进 ················ 149
第二节　前科消灭制度的设立 ············ 157
一、前科消灭制度设立的必要性 ············ 157
二、我国前科消灭制度"难产"的现实原因 ···· 160
三、前科消灭的条件 ···················· 161
四、前科消灭制度的建构 ················ 163
第三节　刑罚执行制度的完善 ············ 166
第四节　多层次诉讼体系的构建 ·········· 168

结　语 ································ 173

参考文献 ······························ 177

后　记 ································ 188

第一章 盗窃罪的历史治理论要

盗窃罪是一种古老的犯罪,在中外刑法史上都占据重要的位置,但就各国具体规定而言,又呈现出不同的特色。封建社会及更早时期的刑事立法,基本将盗窃罪认定为行为犯,即只要有盗窃行为便予以刑事处罚,盗窃对象有时会对量刑有影响;盗窃数额并非定罪的依据,有的国家会将其作为量刑的依据之一。我国古代刑法亦是如此,盗窃数额不是罪与非罪的标志,只是罪轻罪重即量刑的影响因素。新中国成立以后,盗窃数额成为入罪的门槛,在立法方面,1979 年《刑法》才有所规定,但在司法方面,20 世纪 50 年代已有所体现。

第一节 盗窃罪的历史发展

一、国外法律对盗窃罪规制的历史演化

纵观世界刑法史可知,盗窃罪是一种古老而典型的犯罪。在原始社会,基于简单的公有制,没有阶级与国家,个人也没有私有财产,也就没有盗窃。直到进入奴隶社会以后,随着私有制的产生,个人有了剩余财产,才有了盗窃罪。

在国外,盗窃罪的立法发展也有一个过程。世界上最早的一部完整保存下来的成文法典——公元前 1776 年颁布的《汉穆拉比法典》(The Code of Hammurabi),对盗窃罪便有详细的规

定,如:

第6条 窃取神之财物或大户[注:"大户"(ekallu)是自由人居住之屋]之财物者,处死刑。收受赃物者,亦同。

第8条 自由人窃取神庙之财物或大户牛羊或驴猪或船舶者,处30倍之罚金。为平民者,处10倍之罚金。窃贼无物以为赔偿者,处死刑。

第14条 窃取他人未成年之子者,处死刑。

第22条 犯强盗罪而被捕者,处死刑。

第25条 他人房屋失火,往救而取其屋中之财物者,投诸火中。[1]

除此以外,还有其他以盗窃论的情形,如第7条、第10条等。由该法典可知,盗窃数额不是犯罪成立的标准,且对盗窃罪的处刑特别残酷,对于多种盗窃情形规定了死刑,这表明当时国家对私人财产所有制的严格保护。[2]

公元前450年前后诞生的古罗马第一部成文法典——《十二铜表法》,对盗窃罪有以下规定:

第9条 如果成年人于夜间在犁耕的田地上践踏或收割庄稼,则处以死刑。如果是未成年人,或给以鞭打,或判处加倍赔偿使人遭受的损害。

第11条 蓄意采伐他人树木的犯罪者,每棵处以25阿司的罚金。

---

[1] 参见[英]爱德华滋著,沈大铚译,曾尔恕勘校:《汉穆拉比法典》,中国政法大学出版社2005年版,第27—30页。

[2] 参见何勤华、夏菲主编:《西方刑法史》,北京大学出版社2006年版,第9页。

第12条 如果于夜间行窃,(就地)被杀,则杀死(他)应认为是合法的。

第14条 在行窃时当场被捕之自由人,则予以体罚,并(将其)交给被窃者,如果是奴隶,则鞭打之,并把他从崖上抛下;但(对于未成年者)则或根据最高审判官的处理,予以体罚,或要求赔偿损失。

第16条 如对(窃贼不在行窃时当场被捕获)的窃盗提起控诉,(法庭)应(判处)物件价值之两倍以解决争执。[1]

由该法典可见,由于当时生产力发展水平比较低,立法水平也比较受限,对于盗窃行为尚没有类型化,主要根据盗窃对象规定刑罚。但可以看出,没有将盗窃数额作为罪与非罪的标准,对盗窃罪的处罚仍然非常严厉,对多种盗窃情形规定了死刑。

约公元前11世纪至公元前2世纪成书的《旧约》,其中《旧约·出埃及记》第20章第15节和《旧约·申命记》第5章第19节,都明确告诫:不可偷窃。尽管《旧约》不是法典,但其规定的内容都是非常重要的,而且在西方多个国家具有深刻的影响,公民往往将其内容作为行为的规范,因而具有相当强大的内在拘束力。

在日耳曼法中,比较有影响的是公元6世纪初汇编而成的《萨利克法典》,该法典根据盗窃对象不同而设置了多个盗窃罪的刑法条文,例如:偷猪、偷窃有角牲畜、偷窃奴隶、磨坊里的偷窃(偷窃萝卜、豆类、亚麻、葡萄、鳗鱼等)、偷窃篱笆、盗马。在该法典中,对于盗窃罪的处罚,仅有罚金刑,根据盗

---

[1] 参见世界著名法典汉译丛书编委会编:《十二铜表法》,法律出版社2000年版,第37—40页。

窃对象不同，罚金不同，但没有对盗窃数额做出限制。

普通法中的盗窃罪，是由英国法院通过判例的确认而形成的，最初仅仅是指强行的财产侵占行为。英格兰首席大法官亨利·德·布雷克顿（1210—1268 年）对盗窃的定义是："意图在违背（财产）所有人意愿的情形下，欺诈性地处分他人财产。"[1]其亦对盗窃罪进行了轻重分层：盗窃数额 12 便士以上的为重罪，12 便士以下的为轻罪。到了 15 世纪，随着经济和社会的发展以及各种各样的复杂经济状况出现，英国法院被迫在一定程度上通过扩大盗窃罪的范围来防止新的不诚信的行为方式的出现。20 世纪初，英国颁布了《1916 年盗窃罪法》，其中第 1 条第 1 项规定："未经所有人同意，不诚实并且没有诚实的权利主张，以永久性剥夺所有者财物的意思，窃取或取走可能被盗走的物品的，属于盗窃。"[2]可见，在以上法律中，盗窃罪是指一种盗窃的行为，盗窃数额是轻罪与重罪的区别标志，而不是罪与非罪的区别标志。

根据恩格斯对盗窃的总结，"从动产的私有制发展起来的时候起，在一切存在着这种私有制的社会里，道德戒律一定是共同的：切勿偷盗"。[3]由此可见，当建立在私有制基础上的国家出现的时候，盗窃就是禁止的恶了。盗窃是社会发展到一定阶段的必然产物，而且盗窃不仅违反法律规范，也违反了道德规范。虽然犯罪是一种反社会秩序的现象，但根据马克思主义的观点，在私有制社会，犯罪对于社会的调整也具有积极的功能。

---

[1] See William, *A History of English Law*, Vol. III, Methuen & Co Ltd, 1977, p. 360.

[2] 高巍：《盗窃罪基本问题研究》，中国人民公安大学出版社 2011 年版，第 7—8 页。

[3] 杨春贵等编：《马克思主义著作选编：甲种本》（上），中共中央党校出版社 1994 年版，第 211 页。

马克思在肯定犯罪是"蔑视社会秩序最明显最极端的表现形式"的同时,就曾指出过犯罪能够促进生产力的提高。他认为:"罪犯生产罪行。如果我们仔细考察一下最后这个生产部门(指犯罪)同整个社会的关系,那就可以摆脱许多偏见……犯罪使侵夺财产的手段不断翻新,从而也使保护财产的手段日益更新,这就像罢工推动机器的发明一样,促进了生产。……罪犯打破了资产阶级生活的单调和日常的太平情况,这样他就防止了资产阶级生活的停滞,造成了令人不安的紧张和动荡,而没有这些东西连竞争的刺激都会减弱。因此,他就推动了生产力。"[1]恩格斯也曾经指出:"在黑格尔那里,恶是历史发展的动力借以表现出来的形式。这里有双重意思,一方面,每一种新的进步都必须表现为对某一神圣事物的亵渎,表现为对陈旧的、日渐衰亡的、但为习惯所崇奉的秩序的叛逆;另一方面,自从阶级对立产生以来,正是人的恶劣的情欲——贪欲和权势欲成了历史发展的杠杆……但是,费尔巴哈就没有想到要研究道德上的恶所起的历史作用。"[2]可见,恩格斯是认同黑格尔关于恶的社会历史作用的辩证分析的。

由古代和近代国外刑法典对盗窃罪的规定以及人们对盗窃罪的理解分析可知,盗窃不仅是违反法秩序的行为,还是违反道德的行为,行为本身便是要被谴责的,而盗窃数额只是这一恶害行为带来的后果,并不能减轻行为本身的社会危害性及刑法非难性。所以,盗窃行为在国外历来被认为是犯罪,盗窃数额不影响定罪。

---

[1] 中共中央马克思恩格斯列宁斯大林著作编译局译:《马克思恩格斯全集》(第二十六卷第一册),人民出版社1995年版,第415—416页。

[2] 中共中央马克思恩格斯列宁斯大林著作编译局译:《马克思恩格斯全集》(第四卷),人民出版社1995年版,第233页。

二、我国法律对盗窃罪规制的历史演化

我国对于盗窃罪的规定与国外是否一样呢？"计赃论罪"在我国好像自古有之，实际情况是否如此呢？根据可查的法学史料，可以发现盗窃行为的刑法规制标准。

在我国，随着原始共产制变为邦人私有制，邦民享有食器出现了限制，于是出现了违反限制的盗。盗字由㳄（音涎）皿二字组成：㳄是贪欲，皿是食具。欲皿便是盗（《说文解字》）。随着邦人私有制走向邦君私有制，邦人享用食品也有了限制，于是又出现了违反限制的窃。窃字表示虫私食米（《说文解字》），引申为人类享用非分食品。盗和窃的共同点在于乘人不知而取得非分财物；二者的区别则是犯罪主体（亦即人和民）的血统不同，内外有别。[1]"王者之政，莫急于盗贼"，故《法经》始于《盗》《贼》。关于盗窃罪的规定，最早可见于《尚书·周书·费誓》，即"逾垣墙，窃马牛，诱臣妾，汝则有常刑"。[2]《周礼·秋官司寇·司民/掌戮》规定："司厉掌盗贼之任器货贿。辨其物，皆有数量，贾而揭之，入于司兵。"[3]这里的数量是盗窃数额的另一种量化形式，是处罚轻重的依据。到了战国时期，开始明确将盗窃数额作为量刑的标准。秦简《法律问答》记载："盗百一十钱，先自告，何论？当耐为隶臣，或曰赀二甲"；"不盈二百二十以下到一钱，迁之"；"不盈六百六十到二百二十钱，黥为城旦"；"盗过六百六十钱，黥鼻以为城旦"。[4]《汉书·高帝记》记载，沛公入咸阳，与父老约法三

---

［1］ 参见蔡枢衡：《中国刑法史》，中国法制出版社 2005 年版，第 132 页。
［2］ 参见刘柱彬："中国古代盗窃罪的产生、成立及处罚"，载《法学评论》1996 年第 6 期。
［3］ 周密：《中国刑法史》，群众出版社 1985 年版，第 91 页。
［4］ 张勇：《犯罪数额研究》，中国方正出版社 2004 年版，第 8 页。

章,杀人者死,伤人及盗抵罪。注:"伤人有曲直,盗赃有多少,不可豫定,故言抵罪。"据《后汉书·光武常纪下》记载,诏曰:"今边郡盗谷五十斛,罪至于死,开残吏妄杀之路,其蠲除此法。"《唐律》中将盗窃罪分为强盗与窃罪,其盗又分为计赃与不计赃两种:计赃的是凡盗,不计赃的是"盗大祀神御之物"等特殊盗罪。其中,关于凡盗的规定指出:"诸窃盗,不得财笞五十;一尺杖六十,一疋加一等;五疋加一等,五十疋加役流。"《旧五代书·刑法志》记载,周太祖广顺二年诏:"犯窃盗者,计赃绢满三匹以上者,并集众处决,其绢以本处上估价为定,不满三匹者,等第决断。"《宋刑统赋解·贼盗律》规定:"窃盗一贯杖六十,二贯加一等,十贯徒一年,二十贯加一等,一百贯徒五年,持杖者加二等。"《元典章·刑部十一》大德六年原例规定:"诸窃盗,始谋而未行者杖四十七,已行而不得财杖五十七,(得财)十贯以下杖六十七,至二十贯杖七十七,每二十贯加一等,一百贯徒一年,每一百贯加一等,罪止徒三年。盗库藏物者比常盗加一等,赃满至五百贯以上者流。"《明律》规定:"凡窃盗已行而不得财,笞五十,免刺。但得财者以一主为重,并赃论罪,为从者各减一等(以一主为重,谓如盗得二家财物,从一家赃多者科罪)。""凡盗马、牛、驴、骡、猪、羊、鸡犬、鹅鸭者,并记赃以窃盗论。"[1]《大清律例》"刑律"贼盗二百六十九窃盗规定:"凡窃盗已行而不得财,笞五十,免刺。但得财者(不论分赃不分赃)以一主为重,并赃论罪,为从者,各(指上得财不得财言)减一等(以一主为重,谓如盗得二家财物,从一家赃多者科罪。并赃论,谓如十人共盗得一家财物,计赃四十两,虽各分得四两,通算作一

---

[1] 黄源盛纂辑:《晚清民国刑法史料辑注》(上),元照出版有限公司2010年版,第182—184页。

处，其十人各得四十两之罪。造意者为首，该杖一百。余人为从，各减一等，止杖九十之类。余条准此）。初犯并于右小臂上刺'窃盗'二字，再犯刺左小臂膊，三犯者绞（监候）。以曾经刺字为坐。掏摸者，罪同。一两以下，杖六十。一两以上至一十两，杖七十。二十两，杖八十。三十两，杖九十。四十两，杖一百。五十两，杖六十，徒一年。六十两，杖七十，徒一年半。七十两，杖八十，徒二年。八十两，杖九十，徒二年半；九十两，杖一百，徒三年；一百两，杖一百，流二千里；一百一十两，杖一百，流二千五百里；一百二十两，杖一百，流三千里；一百二十两以上，绞（监候）。三犯不论赃数，绞（监候）。"[1]

　　清朝末期，朝廷在内外交困下开始变法修律，中华法系自此趋向解体，继受近代欧陆法制的步伐于焉迈开。针对刑法典的变革，修订法律馆一方面删改固有的《大清律例》，一面参酌德、日等国的立法例，进行近代欧陆式的新法典编撰。[2]修订法律馆在1907年起草《大清刑律草案》时曾提出窃盗罪修改的理由："现行律例于贼盗律及此外对于财产罪之类，俱以赃之价额而分罪之轻重，殊于现今法理未惬。夫以赃物之价额而论，富人之万金与贫人之一钱轻重相匹；又自犯人之心术而论，有夺富人万金，而罪在可恕，有夺贫人一钱，而罪不胜诛者。是不能为定刑之准，无容疑也。故本案不过设关于窃盗及强盗普通之规定（第349条、第351条），以便审判后得宣告与各种情节适合之刑罚（窃盗得于五年以下、二月以上，强盗得于十五年以下、五年以上之范围内，因各种情节而伸缩其刑期），更列

---

〔1〕 张荣铮、刘勇强、金懋初点校：《大清律例》，天津古籍出版社1993年版，第389—390页。

〔2〕 参见黄源盛纂辑：《晚清民国刑法史料辑注》（上），元照出版有限公司2010年版，第35页。

举理论上及实际上情节之轻重,以拟定法律上处刑之轻重(第350条、第354条、第357条)。本案之意如此,欧美、日本亦莫不然也。"〔1〕该修改理由论述了以盗窃数额定罪的弊端。于是,1907年《大清刑律草案》一改以前以盗窃数额作为盗窃罪入罪标准的做法,借鉴大陆法系特别是德、日等国刑事立法,于第350条规定:"凡犯窃盗罪者,关于左列各款之一以上者,处二等或三等有期徒刑:一、侵入现有人居住之邸宅、营造物、矿坑或船舰内者。二、结伙三人以上者。若窃取御用物,处无期徒刑或二等以上有期徒刑。"此后的《大清新刑律》第367条规定:"意图为自己或第三人所有而窃取他人所有物者,为窃盗罪,处三等至五等有期徒刑。"

自此,我国刑事立法彻底抛弃了传统盗窃罪坐赃论罪的立法范式,该立法模式对民国时期的刑法产生了决定性的影响。例如,1928年《中华民国刑法》第337条(窃盗罪)规定:"意图为自己或第三人不法之所有而窃取他人所有物者,为窃盗罪,处五年以下有期徒刑、拘役或五百元以下罚金。"第338条(加重窃盗罪)规定:"有左列行为之一者,处一年以上、七年以下有期徒刑:一、意图行窃,于夜间侵入住宅或有人居住之建筑物,或隐匿其内而犯窃盗罪者。二、毁越门扇、墙垣而犯窃盗罪者。三、携带凶器而犯窃盗罪者。四、结伙三人以上而犯窃盗罪者。五、乘火灾、水灾或其他灾害之际而犯窃盗罪者。六、在车站或埠头而犯窃盗罪者。七、以犯窃盗罪为常业者。前项之未遂犯罚之。"1935年《中华民国刑法》第320条第1款(窃盗罪)规定:"意图为自己或第三人不法之所有,而窃取他人之动产者,为窃盗罪,处五年以下有期徒刑、拘役或五百元

---

〔1〕 黄源盛纂辑:《晚清民国刑法史料辑注》(上),元照出版有限公司2010年版,第181页。

以下罚金。"第 321 条（加重窃盗罪）规定："犯窃盗罪而有左列行为之一者，处六月以上、五年以下有期徒刑：一、于夜间侵入住宅或有人居住之建筑物、船舰或隐匿其内而犯之者。二、毁越门扇、墙垣或其他安全设备而犯之者。三、携带凶器而犯之者。四、结伙三人以上而犯之者。五、乘火灾、水灾或其他灾害之际而犯之者。六、在车站、埠头而犯之者。前项之未遂犯罚之。"

从我国古代刑事立法中可知，对于盗窃罪的处置，不是唯数额论的，只要有盗窃行为便可处罚，盗窃所得数额只影响量刑。直至清末变法，摈弃传统立法范式，全面继受欧陆法，将盗窃罪彻底规定为行为犯，整个民国时期都实行盗窃罪一元制治理模式，与当时西方国家持同样的立法标准。由发展水平决定，古代社会往往依据盗窃对象、盗窃物的数量、盗窃金额等对盗窃者予以量刑。其实这也是对盗窃所得进行的一种价值判断和评估，与当今我国根据数额量刑的理念是一致的，所不同的是，古代立法中，盗窃所得不影响定罪，只影响量刑，而当今立法不仅将盗窃数额作为量刑的标准，还将其作为定罪的标准。

第二节　新中国成立后盗窃行为二元制治理模式的确立

鉴于我国社会主义国家的性质，在刑法的本质上，最初的理论是以阶级斗争和无产阶级专政为出发点的。新中国成立后，毛泽东同志从刑法与国家政权的相互关系的视角来考察刑法。其考察结论是：我国刑法是人民民主专政的工具。由于新成立的人民共和国里存在着两类不同性质的矛盾，人民民主专政包括对人民实行民主和对敌人实行专政两方面。毛泽东认为，逮捕某些反革命分子并将他们定罪，属于专政的范围；对于盗窃犯、诈骗犯、杀人放火犯、流氓集团和各种严重破坏社会秩序的坏分子适用刑罚，也属于专政的范围。这里，刑法通过定罪判刑的途径实现国家政权的部分专政职能，其工具性质是显而易见的。同时，毛泽东指出，"专政的制度不适用于人民内部"，"在人民内部实行民主集中制"。人民内部的犯罪分子虽然也要受刑法制裁，也要坐班房，但这只是若干个别的情形，同压迫敌人的专政有原则的区别。这里，刑法是作为民主的辅助手段，作为调整统治阶级内部即劳动人民内部成员之间关系的工具而使用的。[1]从毛泽东的论述中可以发现，虽然刑法是阶级专政的工具，但刑法规制的对象并非都是"阶级敌人"，其同时具有对外和对内两重功能，对于部分人民内部矛盾也适用刑法进行调整。但是，在我国阶级已基本消灭、社会主要矛盾发生变化的新时代，刑法参与治理的程度越来越大，原本属于治安管理处罚范围的一些行为升格为轻微犯罪，刑法开始向着犯罪圈扩大、刑罚轻缓化的方向发展，刑法的阶级性有所淡化，或者说刑法调整的人民内部矛盾的范围越来越大。反映在立法方面，我国对盗窃行为的规制也有一个变化的过程，大致是以数额为基准，确定罪与非罪，然后逐步提高入罪的数额标准，但同时也在不断扩展盗窃罪的类型，将一些盗窃治安行为转变为盗窃罪。本节拟从立法、司法的演变梳理盗窃罪发展变化的过程，总结我国治理盗窃罪的经验和规律。1949年新中国成立后，我国废除了民国时期的"六法全书"，立法机关在刑法典的制定方面做了大量的工作，这一时期关于盗窃罪的刑事立法主要是效法苏联。因此，有必要了解当时苏联关于盗窃罪的刑事立法。

---

[1] 参见薛瑞麟：《关于毛泽东刑法思想的几个问题》，载《政法论坛（中国政法大学学报）》1993年第5期。

一、苏联盗窃罪的刑事立法

1926年《苏俄刑法典》第6条规定:"目的在于反对苏维埃制度或者破坏工农政权向共产主义过渡时期所建立的法律秩序的一切作为或不作为,都认为是危害社会的行为。"同时,第6条附则规定:"对于形式上虽然符合本法典分则任何条文所规定的要件,但因为显著轻微,并且缺乏危害结果,而失去危害社会的性质的行为,不认为是犯罪行为。"[1]对盗窃罪的规定见于以下条款。

第162条规定:"秘密窃取他人财物(偷窃)的:(一)没有使用任何技术手段,初次,并且是没有同他人合谋而实施窃取的,判处三个月以下的剥夺自由或者劳动改造工作;在上述的条件下,但是由于穷困和失业并以满足本人和他的家属的最低需要为目的而实施窃取的,判处三个月以下的劳动改造工作;(二)再次实施,或者明知是被害人谋生所必需的财物而实施窃取的,判处六个月以下的剥夺自由;(三)使用技术手段,或屡次,或事先同他人合谋而实施窃取的,或者虽然不是在上述条件下而是在火车站、码头、轮船、火车或旅馆中实施的,判处一年以下的剥夺自由;(四)私人从国家仓库和公共仓库、火车、轮船及其他贮藏所中,或前款规定的公共场所中,使用技术手段或同他人合谋而实施窃取的,或屡次实施窃取的,或者虽然不具备上述条件,但是,这种行为是得到出入仓库的特别许可的人或仓库的保管人实施的,或是乘火灾、水灾或其他社会灾害的时候实施的,判处二年以下的剥夺自由,或者一年以下的劳动改造工作;(五)得到出入仓库的特别许可的人或仓库

―――――
〔1〕 陈汉章等译:《苏俄刑法典》,法律出版社1956年版,第4页。

的保管人，从国家仓库、公共仓库及贮藏所中，使用技术手段，或屡次，或同他人合谋而实施窃取的，或者在这种仓库、贮藏所中，实施任何特别大规模的窃取的，判处五年以下的剥夺自由；（六）企业或机关中的小规模的偷盗行为，不问偷盗的数额多少，如果按照它的性质，依照法律的规定，不需要给予较重的处罚的时候，判处一年的在监狱中的监禁。"

第 166 条规定："秘密或公开窃取劳动农民和牧民的马匹或其他大牲畜的，处五年以下剥夺自由。再次实施上述行为的或者是同他人合谋而实施上述行为的，判处八年以下的剥夺自由。"[1]

1947 年 6 月 4 日苏联最高苏维埃主席团通过的《关于加强保护公民个人财产的法令》第 1 条规定："偷盗，即公开或者秘密地窃取公民个人财产的，判处五年以上六年以下在劳动改造营中的监禁。"[2]

1961 年施行的《苏俄刑法典》第 7 条第 1 款规定："凡本法典分则所规定的侵害苏维埃的社会制度和国家制度，侵害社会主义经济体系和社会主义所有制，侵害公民的人身、政治权、劳动权、财产权以及其他权利的危害社会行为（作为或不作为），以及本法典分则所规定的其他各种侵害社会主义法律秩序的危害社会行为，都认为是犯罪。"第 2 款规定："形式上虽然符合本法典分则所规定的某种行为的要件，但是由于显著轻微而对社会并没有危害性的作为或不作为，都不认为是犯罪行为。"[3]第 89 条规定了以偷窃的方法窃取国家财产或公共财产罪："秘密窃取国家财产或公共财产（偷窃）的，处三年以下的

---

〔1〕 陈汉章等译：《苏俄刑法典》，法律出版社 1956 年版，第 70—72 页。

〔2〕 张明楷："盗窃与抢夺的界限"，载《法学家》2006 年第 2 期。

〔3〕 王增润译，陈汉章校：《苏俄刑法典》，法律出版社 1962 年版，第 3 页。

剥夺自由，或一年以下的劳动改造。再犯偷窃或结伙预先通谋实施偷窃以及使用技术手段实施偷窃的，处六年以下的剥夺自由。特别危险的累犯实施偷窃，或者实施巨额偷窃的，处五年以上十五年以下的剥夺自由，并科或不并科没收财产。"第144条规定："秘密窃取公民个人财产（偷窃）的，处二年以下的剥夺自由，或一年以下的劳动改造。再犯偷窃，或结伙预先通谋实施偷窃，或使用技术手段实施偷窃，或者给被害人致成巨大损失的，处五年以下的剥夺自由。特别危险的累犯实施偷窃的，处四年以上十年以下的剥夺自由。"[1]从苏联的刑事立法可以看出，不管是刑法典还是单行刑法，都将盗窃罪规定为行为犯，未将盗窃数额作为入罪的标准，而且对于盗窃罪的类型化程度越来越高，反映了苏联立法水平的提高。此外，不管是1926年《苏俄刑法典》还是1961年《苏俄刑法典》，都在总则方面将形式符合分则所规定的某种犯罪但由于显著轻微而对社会并没有危害性的行为排除在犯罪之外，这为轻微盗窃行为出罪提供了刑法依据。这种总则出罪的规定直接影响到我国刑法的制定，我国1979年《刑法》和现行《刑法》的"但书"即源于此。

二、我国盗窃罪的刑事立法

我国在借鉴苏联刑事立法的基础上，结合我国的实际情况，对盗窃罪的立法规制进行了积极的探索。虽然新中国成立以后较长一段时间没有颁布刑法典，但这期间刑事立法工作并没有停止，对刑法草案进行了数十次修改，对盗窃罪也做了较为详尽的规定，具体可见下述立法文献。笔者认为，对于盗窃罪的理解和把握，除了刑法分则的规定，还应结合刑法总则关于犯

---

[1] 王增润译，陈汉章校：《苏俄刑法典》，法律出版社1962年版，第37、52页。

罪定义的规定，这样才能更全面地认定盗窃罪。

1.1950年7月25日，《中华人民共和国刑法大纲草案》将盗窃罪规定为行为犯，没有将"数额较大"作为入罪标准，有关盗窃罪的规定如下：

第7条第1款（犯罪的定义）　凡是对人民政权及其所建立的人民民主主义的法律秩序的一切危害社会行为，均为犯罪。

法律上负有防止义务之人，而不防止或因自己行为将发生一定危害结果，有防止义务而不防止（不作为）者，亦为犯罪。

第78条（窃盗国有公共财产）　窃盗国有或者公共财产者，处六月以上三年以下监禁。

侵入私营工厂、仓库、矿山、火车、轮船而窃盗者，处六月以上五年以下监禁。

犯本条之罪而有第一百三十九条各项情形者，比照该条规定，加重处罚。[1]

第139条（窃盗）　窃盗，处二年以下监禁，或批评教育。

侵入私营工厂、矿山、仓库、作坊而窃盗者，或窃盗生产工具、耕畜，或乘他人重大灾害之际而窃盗者，处六月以上三年以下监禁。

以窃盗为常业或共同窃盗中之主要分子，处二年以上五年以下监禁。

组织领导多人实施窃盗，或传授他人窃盗技术者，处五年以上十年以下监禁。[2]

---

[1] 高铭暄、赵秉志编：《新中国刑法立法文献资料总览》，中国人民公安大学出版社1998年版，第138、153页。

[2] 高铭暄、赵秉志编：《新中国刑法立法文献资料总览》，中国人民公安大学出版社1998年版，第163页。

2. 1954年9月30日，《中华人民共和国刑法指导原则草案（初稿）》中，与盗窃罪有关的规定见于以下条文：

第1条 什么是犯罪

一切背叛祖国、危害人民民主制度、侵犯公民的人身权利、破坏过渡时期的法律秩序，对于社会有危害性的在法律上应当受到刑事惩罚的行为（行为包括作为和不作为），都认为是犯罪。

情节显著轻微并且缺乏危害结果，因而不能认为对社会有危害性的行为，不认为是犯罪。[1]

第40条 抢劫、偷窃、诈骗公共财产

抢劫、偷窃、诈骗公共财产的，分别依照本刑法指导原则第六十四条、第六十六条、第六十七条的规定从重处罚。[2]

第49条 流氓行为

对于一贯不务正业聚赌抽头、买卖人口、侮辱妇女、腐蚀青年和其他扰乱公共秩序的流氓分子，判处五年以下有期徒刑或者流放；情节特别严重的，判处五年以上有期徒刑直至无期徒刑或者死刑。[3]

第66条 偷窃

偷窃他人财物的，判处二年以下有期徒刑、劳役或者予以行政处罚。惯窃和偷窃集团的组织犯，按照本刑法指导原则第

---

[1] 高铭暄、赵秉志编：《新中国刑法立法文献资料总览》，中国人民公安大学出版社1998年版，第168页。

[2] 高铭暄、赵秉志编：《新中国刑法立法文献资料总览》，中国人民公安大学出版社1998年版，第180页。

[3] 高铭暄、赵秉志编：《新中国刑法立法文献资料总览》，中国人民公安大学出版社1998年版，第181—182页。

四十九条的规定处罚。[1]

3. 1956 年 11 月全国人民代表大会常务委员会办公厅《中华人民共和国刑法草案（草稿）（第 13 次稿）》用了多个法条规定盗窃罪。

第 8 条 一切危害人民民主制度，破坏法律秩序，对于社会有危害性的，依照法律应当受刑罚处罚的行为（行为包括作为和不作为），都认为是犯罪。

行为在形式上虽然符合本法分则条文的规定，但是情节显著轻微并且缺乏社会危害性的，不认为是犯罪。[2]

第 142 条 偷窃公共财物的，处三年以下有期徒刑、拘役或者管制。

前款罪的未遂犯，应当处罚。

第 143 条 以偷窃为常业的，处三年以上十年以下有期徒刑。[3]

第 249 条 偷窃他人财物的，处三年以下有期徒刑、拘役或者管制。

前款罪的未遂犯，应当处罚。

第 250 条 以偷窃为常业的，依照一百四十三条的规定处罚。[4]

---

[1] 高铭暄、赵秉志编：《新中国刑法立法文献资料总览》，中国人民公安大学出版社 1998 年版，第 186 页。

[2] 高铭暄、赵秉志编：《新中国刑法立法文献资料总览》，中国人民公安大学出版社 1998 年版，第 192 页。

[3] 高铭暄、赵秉志编：《新中国刑法立法文献资料总览》，中国人民公安大学出版社 1998 年版，第 211 页。

[4] 高铭暄、赵秉志编：《新中国刑法立法文献资料总览》，中国人民公安大学出版社 1998 年版，第 222 页。

4. 1957 年 6 月 27 日全国人民代表大会常务委员会《中华人民共和国刑法草案（草稿）（第 21 次稿）》，该稿的盗窃类型化程度明显提高，但关于盗窃的刑罚也加重了。

第 10 条　一切危害工人阶级领导的人民民主专政制度、破坏社会秩序、对于社会有危害的、依照法律应当受刑罚处罚的行为，都是犯罪；但是情节显著轻微危害不大的，不以犯罪论处。[1]

第 169 条　偷窃公私财物的，处五年以下有期徒刑、拘役或者管制。[2]

5. 1962 年 12 月全国人民代表大会常务委员会办公厅《中华人民共和国刑法草案（初稿）（第 27 次稿）》通过不同法条区分了普通盗窃和惯犯盗窃，并且规定了不同的刑罚。

第 9 条　一切危害工人阶级领导的、工农联盟为基础的人民民主专政制度、破坏社会主义革命和社会主义建设、破坏社会秩序、侵犯公共财产、侵犯公民的人身权利和其他权利，以及其他危害社会的行为，依照法律应当受刑罚处罚的，都是犯罪；但是情节显著轻微危害不大又系偶犯的，不以犯罪论处。[3]

第 153 条　偷窃公私财物的，处五年以下有期徒刑或者拘

---

[1] 高铭暄、赵秉志编：《新中国刑法立法文献资料总览》，中国人民公安大学出版社 1998 年版，第 227 页。

[2] 高铭暄、赵秉志编：《新中国刑法立法文献资料总览》，中国人民公安大学出版社 1998 年版，第 247 页。

[3] 高铭暄、赵秉志编：《新中国刑法立法文献资料总览》，中国人民公安大学出版社 1998 年版，第 284 页。

役。[1]

第 156 条 以偷窃、诈骗为常业的惯犯、惯骗或者偷窃、诈骗、抢夺数额巨大的,处五年以上十年以下有期徒刑;情节特别严重的,处十年以上有期徒刑、无期徒刑或者死刑。[2]

6. 1963 年 2 月 27 日全国人民代表大会常务委员会办公厅《中华人民共和国刑法草案(初稿)(第 30 次稿)》基本延续了第 27 次稿的规定,但增加了惯犯盗窃的财产刑。

第 10 条 一切危害工人阶级领导的、工农联盟为基础的人民民主专政制度、破坏社会主义革命和建设、破坏社会秩序、侵犯国家所有的和集体所有的公共财产、侵犯公民所有的合法财产、侵犯公民的人身权利和其他权利,以及其他危害社会的行为,依照法律应当受刑罚处罚的,都是犯罪;但是情节显著轻微危害不大又系偶犯的,不以犯罪论处。[3]

第 156 条 偷窃公私财物的,处五年以下有期徒刑或者拘役。[4]

第 159 条 以偷窃、诈骗为常业的惯犯、惯骗或者偷窃、诈骗、抢夺数额巨大的,处五年以上十年以下有期徒刑;情节特别严重的,处十年以上有期徒刑、无期徒刑或者死刑,可以并

---

[1] 高铭暄、赵秉志编:《新中国刑法立法文献资料总览》,中国人民公安大学出版社 1998 年版,第 303 页。
[2] 高铭暄、赵秉志编:《新中国刑法立法文献资料总览》,中国人民公安大学出版社 1998 年版,第 304 页。
[3] 高铭暄、赵秉志编:《新中国刑法立法文献资料总览》,中国人民公安大学出版社 1998 年版,第 312 页。
[4] 高铭暄、赵秉志编:《新中国刑法立法文献资料总览》,中国人民公安大学出版社 1998 年版,第 331 页。

处没收财产。[1]

7. 1979年3月31日全国人民代表大会常务委员会办公厅《中华人民共和国刑法草案（法制委员会修正第一稿）（第36次稿）》一改之前盗窃罪为行为犯的规定，开始将"数额较大"作为盗窃罪的入罪标准，盗窃罪演变为结果犯。

第9条 一切危害无产阶级专政制度、破坏社会主义革命和社会主义建设、破坏社会秩序、侵犯公共财产、侵犯国家所有的和集体所有的财产、侵犯公民所有的合法财产、侵犯公民的人身权利、民主权利和其他权利，以及其他危害社会的行为，依照法律应当受刑罚处罚的，都是犯罪；但是情节轻微危害不大的，可不以犯罪论处。[2]

第156条 盗窃、诈骗公私财物数额较大的，处三年以下有期徒刑或者拘役。

第158条 惯窃、惯骗或者盗窃、诈骗、抢夺公私财物数额巨大的，处三年以上十年以下有期徒刑；情节特别严重的，处十年以上有期徒刑，可以并处没收财产。[3]

以上刑法草案分别从总则和分则方面对犯罪和盗窃罪做了规定，但这些刑法草案最终都没有正式通过，直到1979年7月1日，第五届全国人民代表大会第二次会议通过了新中国第一部刑法典。

---

[1] 高铭暄、赵秉志编：《新中国刑法立法文献资料总览》，中国人民公安大学出版社1998年版，第332页。

[2] 高铭暄、赵秉志编：《新中国刑法立法文献资料总览》，中国人民公安大学出版社1998年版，第438页。

[3] 高铭暄、赵秉志编：《新中国刑法立法文献资料总览》，中国人民公安大学出版社1998年版，第457—458页。

8. 1979 年《刑法》是在第 36 次稿的基础上修改而成，关于犯罪和盗窃罪的规定有：

第 10 条 一切危害国家主权和领土完整，危害无产阶级专政制度，破坏社会主义革命和社会主义建设，破坏社会秩序，侵犯全民所有的财产或者劳动群众集体所有的财产，侵犯公民私人所有的合法财产，侵犯公民的人身权利、民主权利和其他权利，以及其他危害社会的行为，依照法律应当受刑罚处罚的，都是犯罪；但是情节显著轻微危害不大的，不认为是犯罪。

第 151 条 盗窃、诈骗、抢夺公私财物数额较大的，处五年以下有期徒刑、拘役或者管制。

第 152 条 惯窃、惯骗或者盗窃、诈骗、抢夺公私财物数额巨大的，处五年以上十年以下有期徒刑；情节特别严重的，处十年以上有期徒刑或者无期徒刑，可以并处没收财产。

9. 1979 年《刑法》颁行时，中国处于改革开放初期，治安形势严峻，1982 年 3 月 8 日，第五届全国人民代表大会常务委员会第二十二次会议通过的《全国人民代表大会常务委员会关于严惩严重破坏经济的罪犯的决定》指出："鉴于当前走私、套汇、投机倒把牟取暴利、盗窃公共财物、盗卖珍贵文物和索贿受贿等经济犯罪活动猖獗，对国家社会主义建设事业和人民利益危害严重，为了坚决打击这些犯罪活动，严厉惩处这些犯罪分子和参与、包庇或者纵容这些犯罪活动的国家工作人员，有必要对《中华人民共和国刑法》的一些有关条款作相应的补充和修改。……对刑法第一百一十八条走私、套汇、投机倒把牟取暴利罪，第一百五十二条盗窃罪，第一百七十一条贩毒罪，第一百七十三条盗运珍贵文物出口罪，其处刑分别补充或者修改为：情节特别严重的，处十年以上有期徒刑、无期徒刑或者死刑，可以并处没收财产。"

以上规定在盗窃罪方面的改动是加重了刑罚处罚，增设了死刑。1997年全面修订后的《刑法》第264条规定："盗窃公私财物，数额较大或者多次盗窃的，处三年以下有期徒刑、拘役或者管制，并处或者单处罚金；数额巨大或者有其他严重情节的，处三年以上十年以下有期徒刑，并处罚金；数额特别巨大或者有其他特别严重情节的，处十年以上有期徒刑或者无期徒刑，并处罚金或者没收财产；有下列情形之一的，处无期徒刑或者死刑，并处没收财产：（一）盗窃金融机构，数额特别巨大的；（二）盗窃珍贵文物，情节严重的。"相比1979年《刑法》，1997年《刑法》增加了"多次盗窃"这一类型。同时，依然将盗窃数额作为定罪量刑的重要依据，且增加了两种特殊情形下盗窃罪的死刑。2011年《刑法修正案（八）》增加了入户盗窃、携带凶器盗窃、扒窃三种非数额盗窃，同时废除了盗窃罪的死刑，但是"数额较大"这一传统重要数额型盗窃仍然保留适用。

从新中国成立后我国盗窃罪的刑事立法发展脉络可以发现，新中国成立初期，受苏联刑事立法影响，我国将盗窃罪作为行为犯予以规定，并没有将"数额较大"作为盗窃罪的入罪标准。刑法草案前30稿都没有规定"数额较大"，直到1979年3月31日第36次稿才将"数额较大"作为盗窃罪的入罪标准，1979年《刑法》沿用了这一规定。

三、我国盗窃罪的刑事司法

虽然直到1979年才将数额较大作为盗窃罪的罪与非罪的区分标准，但这并不意味着新中国成立初期国家对盗窃行为持一元制的立场，即不是所有盗窃行为都以犯罪论处。相反，新中国成立伊始，国家对盗窃行为根据盗窃数额进行二元制治理，这主要体现在司法方面以及刑法之外的法规中。对此,有以下规范文件为证。

1956年4月26日,公安部公布了《关于刑事案件统计报告制度的几项规定》(以下简称《统计报告规定》),这是新中国成立后国家首次规定刑事案件数额立案统计标准。根据《统计报告规定》,除盗窃、诈骗外宾、外侨、民主人士财物的,盗窃、诈骗贫苦群众财物致其生活困难的,以及使用挖墙、破锁、割包等破坏手段盗窃的外,在农村盗窃、诈骗15元以下的,在城市盗窃、诈骗25元以下的,作为一般违法行为对待,不再以刑事案件立案、统计。也就是说,如果没有前述规定的特殊情形,盗窃罪的立案标准在农村是15元,城市是25元。

1957年10月22日,全国人民代表大会常务委员会第八十一次会议通过并施行的《中华人民共和国治安管理处罚条例》(以下简称《治安管理处罚条例》)第11条规定,有下列损害公有财产或者公民财产行为之一的,处10日以下拘留、20元以下罚款或者警告:偷窃、诈骗、侵占少量公共财物或者他人财物的;带头起哄,拿走农业生产合作社少量财物的。

由前述法规可知,公安部在1956年就已经将盗窃数额作为罪与非罪的区分标准在全国施行了;1957年的《治安管理处罚条例》虽然没对盗窃数额做出明确规定,但既然将偷窃少量财物作为犯罪外的治安案件处置,就足以说明对盗窃行为已经区分为治安案件和刑事案件,实行二元制治理,只不过当时没有颁行刑法,没能实现治安管理处罚和刑事处罚的立法衔接。

1979年《刑法》颁布以后,由于立法已明确了对盗窃罪的二元制治理,犯罪数额在盗窃罪的认定方面便备受重视,具体可见以下文件。

1979年《刑法》颁布后,最高人民法院、最高人民检察院并没有及时出台关于盗窃罪立案标准的司法解释。1979年12月24日发布的《公安部关于刑事侦察部门分管的刑事案件及其立案标准和管理制度的规定》将盗窃罪的立案标准规定为城市折款25元以上、农村折款15元以上,重大案件和特别重大案件的立案标准为1000元和10 000元以上。1984年8月9日,公安部印发《关于修改盗窃案件立案标准的通知》,一般盗窃案件立案标准改为城市80元以上、农村40元以上。1984年11月2日发布的《最高人民法院、最高人民检察院关于当前办理盗窃案件中具体应用法律的若干问题的解答》规定,盗窃罪数额标准不分城乡,均为200元以上。1986年9月5日第六届全国人民代表大会常务委员会第十七次会议通过,自1987年1月1日起施行的《治安管理处罚条例》第23条规定:"有下列侵犯公私财物行为之一,尚不够刑事处罚的,处十五日以下拘留或者警告,可以单处或者并处二百元以下罚款:(一)偷窃、骗取、抢夺少量公私财物的;(二)哄抢国家、集体、个人财物的;(三)敲诈勒索公私财物的;(四)故意损坏公私财物的。"1991年12月30日印发的《最高人民法院、最高人民检察院关于修改盗窃犯罪数额标准的通知》,一改往昔对盗窃犯罪确定具体数额的做法,而是确定了一个300—600元的数额幅度,由省一级的高级人民法院和人民检察院(以下简称"省两院"),根据当地经济发展水平,在该幅度之内确定一个具体数额作为盗窃罪的立案标准,在本辖区内(所在省、自治区、直辖市)统一适用。随后,1992年3月17日印发的《公安部关于修改盗窃案件立案统计办法的通知》,该通知指出,公安部不再直接规定盗窃、诈骗、抢夺三种侵财案件立案数额标准,授权各省、自治区、直辖市公安厅(局)会同各"省两院",根据当地经济发展水平,在300—600元之内确定盗窃案件具体立案数额标准。

《刑法》修订以后，1998年3月17日发布的《最高人民法院关于审理盗窃案件具体应用法律若干问题的解释》，将盗窃罪数额较大的立案标准提高到500—2000元以上。2005年8月28日，第十届全国人民代表大会常务委员会第十七次会议通过的《中华人民共和国治安管理处罚法》（以下简称《治安管理处罚法》）第49条规定："盗窃、诈骗、哄抢、抢夺、敲诈勒索或者故意损毁公私财物的，处五日以上十日以下拘留，可以并处五百元以下罚款；情节较重的，处十日以上十五日以下拘留，可以并处一千元以下罚款。"2013年4月2日发布的《最高人民法院、最高人民检察院关于办理盗窃刑事案件适用法律若干问题的解释》，将盗窃案的刑事立案标准提高到1000—3000元以上。

以上是从司法方面对盗窃行为的规制，在社会治理的过程中，国家将盗窃案件根据盗窃数额分为治安案件和刑事案件，分别适用治安管理处罚法和刑法，这就是二元制治理模式的由来。在二元制治理模式下，达到"数额较大"标准的盗窃行为属于犯罪，在"数额较大"标准以下的，进行治安管理处罚。盗窃罪历次立案标准可参见表1。

表1 盗窃罪历次立案标准比较

年份	制定机关	简称	"数额较大"标准
1956	公安部	《统计报告规定》	农村15元，城市25元
1979	公安部	《公安部关于刑事侦察部门分管的刑事案件及其立案标准和管理制度的规定》	农村15元，城市25元
1984	公安部	《公安部关于修改盗窃案件立案标准的通知》	农村40元，城市80元

续表

年份	制定机关	简称	"数额较大"标准
1984	最高人民法院、最高人民检察院	《最高人民法院、最高人民检察院关于当前办理盗窃案件中具体应用法律的若干问题的解答》	200 元
1991	最高人民法院、最高人民检察院	《最高人民法院、最高人民检察院关于修改盗窃犯罪数额标准的通知》	300—600 元
1992	公安部	《公安部关于修改盗窃案件立案统计办法的通知》	300—600 元
1998	最高人民法院	《最高人民法院关于审理盗窃案件具体应用法律若干问题的解释》	500—2000 元
2013	最高人民法院、最高人民检察院	《最高人民法院、最高人民检察院关于办理盗窃刑事案件适用法律若干问题的解释》	1000—3000 元

依据表1分析，从立案标准的数额可知，盗窃案件的立案标准随着我国经济的发展和社会的进步逐步提高；就立案标准的制定主体而言，新中国成立后直到1984年8月，盗窃罪的立案标准一直是由公安部负责制定的，且从1984年11月至1992年，公安部和最高人民法院、最高人民检察院执行不同的立案标准，公安部的盗窃刑事立案标准长期明显低于最高司法机关公布的盗窃犯罪的起刑点，造成大量治安案件被立为刑事案件，使

治安、刑事案件统计数字不能正确反映一方的违法犯罪形势。[1] 1992年以后，盗窃罪的立案标准开始由最高司法机关负责制定，前述弊端才得以改变。立案标准制定主体的变化，说明警察权的权限在削减，司法权的地位在上升，盗窃刑事案件由行政主导开始逐步走向由司法主导。但是，需要注意的是，在盗窃犯罪治理领域，目前我国警察权仍然处于强势地位，司法权的地位仍有很大的提高空间。

从国内外盗窃罪的立法史料可知，封建社会及以前时代，由于生产力较为低下，私有财产相对有限，国内外对于盗窃罪的处罚都非常严厉；但也有明显的区别，国外刑法史上，盗窃数额历来不是盗窃罪定罪与量刑的标准，而我国刑法史上往往将盗窃数额作为量刑的标准而非定罪标准。例如，《唐律》规定，"诸窃盗，不得财笞五十"，即便没有盗得财物，也要处罚，而盗窃数额越大，处罚越重。该规定被后续朝代沿用，直至清末。清末修律时充分借鉴了德、日等国关于盗窃罪的立法规定，摒弃了将盗窃数额作为量刑依据的做法，盗窃罪的定罪处罚与盗窃数额不再相关，直至整个民国时期的刑事立法，都坚持了该思想。

《苏俄刑法典》在总则部分对犯罪进行定义时坚持了立法定性加定量的模式，但是分则关于盗窃罪的规定并没有像总则那样定性加定量，未将"数额较大"作为盗窃罪的入罪标准。可见《苏俄刑法典》也考虑到了盗窃罪的社会危害性较大这一特征，不再利用"数额较大"进行限制。新中国成立后，我国刑法草案关于盗窃罪的规定，前30稿都和《苏俄刑法典》相似，没有将"数额较大"作为盗窃罪的入罪标准，直到1979年第36

---

[1] 参见马仁慧："盗窃刑事立案标准研究"，载《江苏公安专科学校学报》2001年第5期。

次稿时,"数额较大"才首次成为盗窃罪的入罪标准,该草案由最高立法机关通过后成为 1979 年《刑法》。至此,"数额较大"成为我国盗窃罪的入罪标准。但值得注意的是,我国 1957 年施行的《治安管理处罚条例》却将偷窃少量公共财物或者他人财物的行为纳入处罚范围。可见,新中国成立后直到 1979 年《刑法》的颁布,我国在对盗窃行为的治理上,一直存在不同的立法思想,1957 年《治安管理处罚条例》将盗窃少量公私财物的行为认定为治安案件,由公安机关处置;而刑法草案前 30 稿在盗窃罪的立法方面并没有对盗窃罪设置入罪标准,所有的盗窃行为都应纳入盗窃罪的治理范畴,包括盗窃少量公私财物的行为,这就使得警察权和司法权在盗窃案件的管辖方面存在部分重叠。

对此,我们应当在当时的时代背景下予以讨论。历史上,在几千年的奴隶社会和封建社会中,我国一直实行中央高度集权的政治体制,没有相对独立的司法和民主警察体制的历史传统,司法权属于行政权的一部分,历来由行政长官兼使,行政权一直十分强大。新中国成立初期,出于快速稳定社会、安定形势和镇压反革命的需要,以警察权为代表的行政权异常庞大。[1]由传统司法文化和特定时代背景决定,新中国成立后逐渐形成警察权强大而司法权弱小的局面。但这种权力不对称并没有通过立法消弭,反而被立法确认。在盗窃行为的立法方面,立法机关通过 1957 年《治安管理处罚条例》将部分盗窃案件确认为治安案件,赋予公安机关处罚的权力。同时,借鉴国外特别是苏联刑事立法,将盗窃行为全部认定为犯罪,实行立法定性不定量的定罪模式。这就导致了一种怪异现象,即对于盗窃少量

---

[1] 参见陈河北:"论警察权的程序控制",华东政法学院 2005 年硕士学位论文。

公私财物的行为，公安机关可以依照 1957 年《治安管理处罚条例》，以治安案件进行处罚，而根据当时的刑法草案，这样的行为属于盗窃罪。虽然 1957 年《治安管理处罚条例》和刑法草案是由同一立法机关——全国人民代表大会常务委员会——负责起草的，但起草人员不同，所代表的权力机关的意志也不尽相同。因此，新中国成立后至 1979 年期间，对盗窃行为的规制在某种程度上可以看作警察权和司法权权限范围划定的此消彼长，只不过 1957 年《治安管理处罚条例》已经从法律层面确定了警察处理盗窃治安案件的权力，司法机关对盗窃案件的管辖一直没有从法律层面明确。但是，1979 年《刑法》将"数额较大"定为盗窃罪的入罪门槛，改采立法定性加定量的定罪模式，将部分盗窃案件划入盗窃治安案件。这表明，在立法方面，司法权最终做出了让步，警察权在一定程度上呈现出扩张之势。1979 年《刑法》颁布以后，盗窃数额较大的标准一直由公安机关负责制定，也表明了司法权受制于警察权的状态。

　　将盗窃数额作为量刑标准具有一定的合理性，因为被盗财物的价值客观上反映了受害者的损失以及社会关系受侵害的程度。马克思在《关于林木盗窃法的辩论》中也曾指出："价值是财产的民事存在的形式，是使财产最初获得社会意义和可转让性的逻辑术语……也应该成为惩罚的客观的和本质的规定。"[1]但盗窃数额仅是盗窃行为在客观方面的反映，并不能反映盗窃罪的本质。此外，量刑还应考虑到盗窃罪的主观方面以及盗窃行为所造成的影响等多重因素。因此，将盗窃数额作为量刑标准，从盗窃罪的本质和有效治理的程度而言，有失偏颇。如果将数额较大作为盗窃罪的定罪标准就更有客观归罪之嫌了。北

---

[1] 中共中央马克思恩格斯列宁斯大林著作编译局译：《马克思恩格斯全集》（第一卷），人民出版社 1995 年版，第 247 页。

宋宰相曾布就指出:"盗情有重轻,赃有多少。今以赃论罪,则劫贫家情虽重,而以赃少减免,劫富室情虽轻,而以赃重论死。是盗之生死,系于主之贫富也。"[1]现代绝大部分国家在认定盗窃罪时,都未将盗窃数额作为定罪标准,少数国家仅将盗窃数额作为量刑标准。我国将数额作为定罪和量刑标准,采取了行政违法和刑事违法的二元制治理模式,将盗窃行为根据盗窃数额分为盗窃治安案件和盗窃刑事案件,进而依据数额确定给予何种处罚。

---

[1] 参见高潮、马建石主编:《中国历代刑法志注译》,吉林人民出版社1994版,第420页。

第二章 二元制模式下盗窃罪的治理

第一节 二元制治理模式对盗窃行为的规制

在二元制治理模式下,盗窃罪的立案标准直接影响到盗窃刑事案件的立案数量。立案标准提高以后,一部分原本属于盗窃罪的案件会转化成盗窃治安案件,不再纳入盗窃罪的统计范围。我国对盗窃罪的规定一直以数额为基准,因此,盗窃数额成为划定犯罪圈的主要标准,立案数额的提高实际上是在缩小盗窃罪的犯罪圈。下文分析盗窃刑事案件的立案数量以及相关因素对犯罪数额的影响。本书搜集了 1981 年至 2019 年官方公布的盗窃刑事案件的立案数量和 1986 年至 2019 年盗窃治安案件的立案数量,具体见表 2 和表 3。

表 2 1981 年至 2019 年盗窃刑事案件信息[1]

年份	盗窃刑事案件立案数量（起）	犯罪总数（起）	盗窃刑事案件占比（%）	盗窃刑事案件立案数量与上年比较（%）
1981	744 374	890 282	83.61	—

---

[1] 数据来源:历年《中国法律年鉴》,1983 年国家没有公布盗窃刑事案件和犯罪总数的相关信息。

续表

年份	盗窃刑事案件立案数量（起）	犯罪总数（起）	盗窃刑事案件占比（%）	盗窃刑事案件立案数量与上年比较（%）
1982	609 481	748 476	81.43	-18.12
1983	-	-	-	-
1984	395 319	514 369	76.86	-
1985	431 323	542 005	79.58	9.1
1986	425 845	547 115	77.83	-1.27
1987	435 235	570 439	76.3	2.21
1988	658 683	827 594	79.59	51.34
1989	1 673 222	1 971 901	84.85	154.03
1990	1 860 793	2 216 997	83.93	11.21
1991	1 922 506	2 365 709	81.27	3.32
1992	1 142 556	1 582 659	72.19	-40.57
1993	1 122 105	1 616 879	69.40	-1.79
1994	1 133 682	1 660 734	68.26	1.03
1995	1 132 789	1 690 407	67.01	-0.08
1996	1 043 982	1 600 716	65.22	-7.84
1997	1 058 110	1 613 629	65.57	1.35
1998	1 296 988	1 986 068	65.3	22.58
1999	1 447 390	2 249 319	64.35	11.6
2000	2 373 696	3 637 307	65.26	64
2001	2 924 512	4 457 579	65.61	23.2
2002	2 861 727	4 336 712	65.99	-2.15
2003	2 940 598	4 393 893	66.92	2.76

续表

年份	盗窃刑事案件立案数量（起）	犯罪总数（起）	盗窃刑事案件占比（%）	盗窃刑事案件立案数量与上年比较（%）
2004	3 212 822	4 718 122	68.10	9.26
2005	3 158 763	4 648 401	67.95	-1.68
2006	3 143 863	4 653 265	67.56	-0.47
2007	3 268 670	4 807 517	67.99	3.97
2008	3 399 600	4 884 960	69.59	4.01
2009	3 888 579	5 579 915	69.69	14.38
2010	4 228 369	5 969 892	70.83	8.74
2011	4 259 482	6 005 037	70.93	0.74
2012	4 284 670	6 551 440	65.40	0.59
2013	4 506 414	6 598 247	68.30	5.18
2014	4 435 984	6 539 692	67.83	-1.56
2015	4 875 561	7 174 037	67.96	9.91
2016	4 304 321	6 427 533	66.97	-11.72
2017	3 459 742	5 482 570	63.10	-19.62
2018	2 786 804	5 069 231	54.97	-19.45
2019	2 258 236	4 862 443	46.44	-18.97

为了更直观地反映我国盗窃刑事案件立案数量和犯罪总数的变化趋势，本书利用上表部分数据以曲线图的形式来展示盗窃刑事案件立案数量与犯罪总数的情况，见图1。

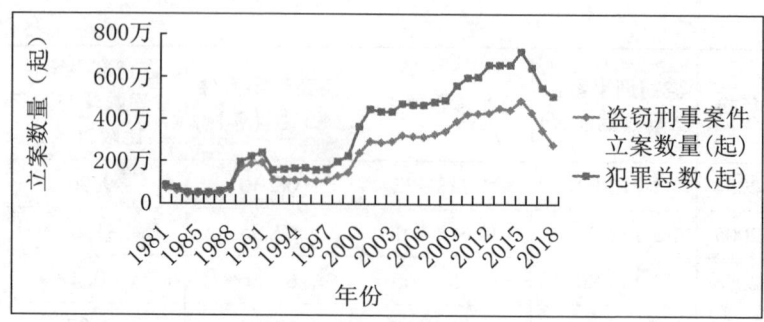

图 1　1981 年至 2018 年盗窃刑事案件立案数量与犯罪总数变化

从图 1 可以看出，盗窃刑事案件立案数量对犯罪总数的影响非常明显，二者变化趋势一致。就盗窃刑事案件立案数量而言，1984 年立案数量有明显下降，1988 年至 1989 年开始大幅上升，1992 年大幅下降；经过几年的高位稳定状态后，1996 年又出现了一次小幅下降，但 2000 年又开始迅速上升；2002 年小幅下降，旋即又出现多年增长态势。结合我国立案标准调整的年份可以发现，立案标准的调整对盗窃刑事案件立案数量的影响既直接又明显。为了全面了解我国盗窃案件的情况，本书同时统计了历年盗窃治安案件的数量，具体见表 3。

表 3　1986 年至 2019 年盗窃治安案件数量与治安案件总数

年份	盗窃治安案件数量（起）	治安案件总数（起）	盗窃治安案件比重（%）	盗窃治安案件数量与上年比较（%）
1986	360 708	1 115 858	32.33	—
1987	365 538	1 234 910	29.6	1.34
1988	424 899	1 410 044	30.13	16.24
1989	512 091	1 847 625	27.72	20.52

续表

年份	盗窃治安案件数量（起）	治安案件总数（起）	盗窃治安案件比重（%）	盗窃治安案件数量与上年比较（%）
1990	517 623	1 965 663	26.33	1.08
1991	543 995	2 414 065	22.53	5.09
1992	888 278	2 956 737	30.04	63.29
1993	1 024 835	3 351 016	30.58	15.37
1994	928 375	3 300 972	28.12	-9.41
1995	729 707	3 289 760	22.18	-21.4
1996	620 202	3 363 636	18.44	-15.01
1997	515 110	3 227 669	15.96	-16.94
1998	528 818	3 232 113	16.36	2.66
1999	517 277	3 356 083	15.41	-2.18
2000	732 633	4 437 417	16.51	41.63
2001	915 240	5 713 934	16.02	24.92
2002	1 001 965	6 232 350	16.08	9.48
2003	1 066 740	5 995 594	17.79	6.46
2004	1 259 087	6 647 724	18.94	18.03
2005	1 513 770	7 377 600	20.52	20.23
2006	1 763 377	7 197 200	24.5	16.49
2007	2 025 560	8 709 398	23.26	14.87
2008	2 022 238	9 411 956	21.49	-0.16
2009	2 030 135	11 752 475	17.27	0.39
2010	1 994 257	12 757 660	15.63	-1.77
2011	2 081 986	13 165 583	15.81	4.40

续表

年份	盗窃治安案件数量（起）	治安案件总数（起）	盗窃治安案件比重（%）	盗窃治安案件数量与上年比较（%）
2012	2 052 861	13 889 480	14.78	-1.40
2013	2 161 720	13 307 501	16.24	5.3
2014	2 326 509	11 878 456	19.59	7.62
2015	2 343 731	11 795 124	19.87	0.74
2016	2 285 424	11 517 195	19.84	-2.49
2017	2 151 885	10 436 059	20.62	-5.84
2018	2 112 070	9 721 130	21.73	-1.85
2019	2 297 074	9 624 881	23.87	8.76

为了直观反映我国盗窃案件的总体情况，本书根据盗窃刑事案件与盗窃治安案件的立案数量汇总出盗窃案件的总量，将三者的变化趋势一并比较，见图2。

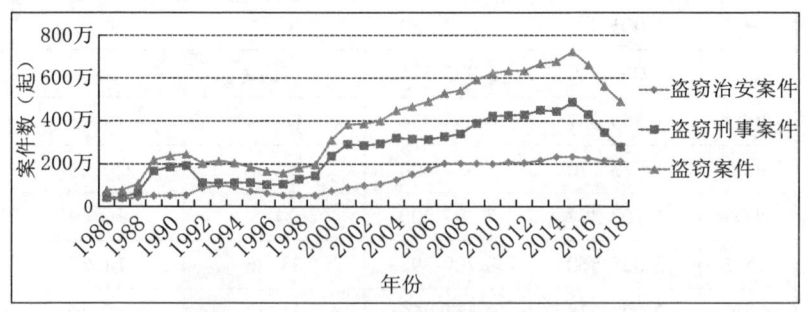

图2　1986年至2018年盗窃案件情况

由前文数据可知，1979年，盗窃罪的立案标准为农村15元、城市25元。1984年公安部将盗窃罪的立案标准提高到农村

40元、城市80元；同年11月，最高人民法院、最高人民检察院又把立案标准提升到200元，并且不再区分农村和城市。为什么要在短时间内不断提高盗窃罪的立案标准？回顾历史可知，1983年，我国开展了第一次"严打"运动。1984年，公安部和最高司法机关先后上调了盗窃罪的立案标准。第一次将立案标准从农村15元、城市25元上调到农村40元、城市80元，这次调整从犯罪数量上来看有些效果，但效果并不明显。第二次统一上调到200元，效果就比较明显了。比如，我国1982年犯罪总数为748 476件，而1984年为514 369件，一下子减少了234 107件，而1982年和1984年盗窃刑事案件立案数分别为609 481件和395 319件，减少了214 162件。之所以选择上调盗窃罪的立案标准，是因为盗窃罪在所有犯罪中占比最大，在20世纪80年代初期，盗窃罪的立案数量在犯罪总数中平均占80%以上，所以控制盗窃罪的立案数量，就可以有效控制犯罪总量。从前述数据中可以发现，在减少的刑事案件总数中，盗窃罪减少的案件占91.48%。所以，提高盗窃罪的立案标准，提升盗窃罪的入罪门槛，能够降低犯罪总量。这次立案标准上调后，接下来的几年犯罪数量一直比较平稳，但1989年以后犯罪数量又开始快速上升了，因为立案标准的上调并不能从根本上控制犯罪。面对这种犯罪数量又迅速增加的形势，最高人民法院、最高人民检察院于1991年年底将盗窃罪的立案标准从200元提升到300—600元，犯罪总数又降下来了，平稳的犯罪趋势又维持了几年，一直到1997年《刑法》全面修订前。由表2、表3的数据可知，1992年、1993年盗窃刑事案件较前一年分别减少了779 950起、20 451起，而盗窃治安案件较前一年分别增加了344 283起、136 557起。由于数据不够详细，我们尚且不能准确计算出到底有多少盗窃案件由刑事案件变为治安案件，但可以肯定，这种转化是客观存在的。1997年，最高人民法院、最高人民检察院又将盗窃罪的立案标准从300—600元上调到500—2000元。但这一次，立案标准的上调并没有使犯罪数量出现明显的下降，因为1997年《刑法》降低了很多犯罪的门槛，增加了很多新的犯罪情形，比如将"多次盗窃"由原来的治安案件升格为刑事案件。1998年3月17日开始施行的最高人民法院《关于审理盗窃案件具体应用法律若干问题的解释》（2013年4月4日已经废止）第4条规定，一年内入户盗窃或者在公共场所扒窃三次以上，应当认定为多次盗窃。1997年《刑法》的盗窃罪中增加了"多次盗窃"这一情形，等于把部分盗窃治安案件升格为盗窃刑事案件；而同时立案数额标准的提高，又使原来属于盗窃刑事案件的部分案件降格为盗窃治安案件，这样，二者的立案数量最终在客观上实现了某种平衡。所以，这次提高立案标准后，盗窃刑事案件的立案数量没有出现明显减少。随后，刑事犯罪的数量又持续增加。特别是2011年《刑法修正案（八）》将入户盗窃、携带凶器盗窃、扒窃三种非数额型盗窃由治安案件升格为刑事案件，导致盗窃刑事案件数量明显增加。例如，2012年，盗窃刑事案件由2011年的4 259 482起增加到4 284 670起，增加了25 188起，而盗窃治安案件由2011年的2 081 986起减少到2012年的2 052 861起，减少了29 125起。在这种情形下，2013年4月4日开始施行的《最高人民法院、最高人民检察院关于办理盗窃刑事案件适用法律若干问题的解释》再次调整盗窃罪的立案标准，提升到1000—3000元，同时在第3条规定：两年内盗窃三次以上的，应当认定为多次盗窃。这次将"多次盗窃"的入罪标准由一年三次提升为两年三次，也增加了盗窃罪的案件数量。这次调整，使得盗窃罪立案标准永远告别了以百元计的时代。这次数额上调的结果也比较明显，即盗窃刑事案件的数量下降，而盗窃治安案件的数量则明显上升。2014年，盗窃刑事案件由4 506 414起减少到4 435 984起，减少了70 430起，同年，盗窃治安案件由2 161 720起增加到2 326 509起，增加了164 789起。

在二元制治理模式下，不管是盗窃刑事案件还是盗窃治安案件，总的趋势都是不断增加的。在没有其他因素的影响时，如果上调盗窃罪的立案标准，盗窃刑事案件数量会出现短暂的下降，而盗窃治安案件数量会出现一定的上涨，但总的看来，自1979年《刑法》颁行以来，盗窃刑事案件和盗窃治安案件的数量都是在不断上涨的。

第二节 二元制治理模式下盗窃案件的新趋势

自2011年《刑法修正案（八）》施行以来，有两个变化值得注意。

第一，司法机关办理的危险驾驶罪的案件数量已经超过了盗窃罪的案件数量。根据最高人民法院发布的2019年上半年审判执行工作数据，2019年上半年各省（区、市）法院审结的刑事案件中，数量最多、占比最大的五类罪名分别为危险驾驶罪，盗窃罪，走私、贩卖、运输、制造毒品罪，故意伤害罪，诈骗罪。[1]另根据最高人民检察院提供的数据，2019年，全国检察机关办理的审查逮捕案件中，逮捕人数最多的罪名是盗窃罪，有188 408人，起诉人数最多的罪名是危险驾驶罪，有322 041人，[2]

---

〔1〕参见孙航："新收案件数持续增长 结案数同比大幅增加 整体运行态势稳中向好"，载《人民法院报》2019年8月1日第1版。

〔2〕参见孙风娟："对外公布季度、半年度、全年主要检察办案数据将成常态——最高检案管办主任董桂文就2019年全国检察机关主要办案数据答记者问"，载《检察日报》2020年6月3日第1版。

"'醉驾'取代盗窃成为刑事追诉第一犯罪"[1]。尽管最高人民检察院、最高人民法院没有公布2019年提起公诉的、一审审结的危险驾驶罪和盗窃罪的具体案件数量,但根据上述信息可知,从2019年开始,在检察机关起诉的刑事案件和法院审结的刑事案件中,案件数量最多的是危险驾驶罪,而不是盗窃罪。目前,由于公安机关没有公布自2011年以来危险驾驶罪的历年立案数量,尚无法就近几年的危险驾驶罪和盗窃罪进行案件数量的具体比较,但根据法院、检察机关公布的数据可以推断,在公安机关2019年立案的刑事案件中,危险驾驶罪超过盗窃罪的概率应该是非常大的。

第二,自2016年起,不论是盗窃刑事案件还是盗窃治安案件,立案数量均出现了下降。这种"双下降"的情形极为罕见,尽管1995年、1996年两年曾出现过"双下降"的情况,但那时盗窃罪是立案数量最多的罪名,且远远超过其他罪名的立案数量。2019年则不同,危险驾驶罪取代盗窃罪成为诉讼人数最多、刑事审判案件中占比最高的罪名。所以,"双下降"情况的出现,预示着我国犯罪情况发生了新的重大变化,治理理念、治理方式也将随之改变。

产生上述现象的主要原因有:其一,电子支付的兴起。盗窃罪是古老的侵财犯罪,以窃取现金为主。但随着科技的进步,电子支付日益普遍,现金支付的比例明显降低,越来越多的人不再随身携带现金或者仅携带极少量的现金,家里往往也不再存放大量现金。因此,电子支付的兴起,导致不管是扒窃还是入户盗窃,在客观上都难以得逞,盗窃案件的数量自然就下降了。其二,新时代国家治理能力的提高。近年来,国家经济持

---

[1] 张军:"最高人民检察院工作报告——2020年5月25日在第十三届全国人民代表大会第三次会议上",载《检察日报》2020年6月2日第1版。

续发展，政府通过脱贫攻坚等方针政策，极力改善人民生活，增加人民收入；同时，不断提高社会治理能力，比如定位技术的广泛应用、摄像头的大量使用、人脸识别技术的推广，政府机关将这些技术和大数据结合起来，有效提高了社会治理能力和治理水平，使一些以前很难发觉的盗窃行为变得极易被发现和查处，行为人因此不敢轻易行窃，从而降低了盗窃行为的发生率。其三，国家犯罪治理理念发生了变化。新中国成立初期，社会百废待兴、政权尚不稳固，因此，稳定新生政权、保护群众生命安全成为首要任务。从1951年公布实施的《中华人民共和国惩治反革命条例》即可看出，国家惩治的主要是暴力犯罪。改革开放以后，危害国家和个人的暴力犯罪日趋减少，国有财产、劳动群众集体所有财产和公民私人财产的安全性日益受到重视，因此，惩治财产犯罪（主要是盗窃罪）便成为刑法治理的重点。进入新时代，"人民生活水平显著提高，对美好生活的向往更加强烈，不仅对物质文化生活提出了更高要求，而且在民主、法治、公平、正义、安全、环境等方面的要求日益增长"。[1]在这种治理理念的引领下，刑法参与社会治理的程度越来越大，从保护人民的生命安全、财产安全到保护人民的生活环境、发展环境，一些以前不认为是犯罪的行为开始被认为是轻微犯罪，纳入刑法治理的范围，例如，危险驾驶，代替考试，非法获取、出售个人信息等行为已实现犯罪化。

上述新现象的出现，是新时代国家治理成绩、治理方略的一种体现。对此，二元制模式下盗窃案件的治理，应该根据新时代的变化和对刑事法治的要求，及时做出相应的调整，具体转变方式下文再详细分析。

---

[1] 郭广银："彰显对马克思主义的原创性贡献"，载《人民日报》2018年9月18日第7版。

第三节　二元制治理模式下"但书"的规制作用

在二元制治理模式下，我国立法者将危害社会的行为按照危害程度分为两类，危害较小的规定为治安案件，危害较大的规定为刑事案件。这样，在立法上，刑法就会通过相应的限制，把一部分危害社会的行为让渡给治安管理处罚法进行处置，从而缩小犯罪圈。刑法在犯罪圈的缩小方面通过总则和分则予以完成：在总则方面，通过规定犯罪的概念，利用"但书"条款，将部分行为排除在犯罪圈之外；在分则方面，通过设置"数额较大""情节严重""情节恶劣""后果严重"等标准限缩个罪的构罪范围。对于盗窃罪，除了总则犯罪概念，分则是通过"数额较大"进行限定的。根据《最高人民法院、最高人民检察院关于办理盗窃刑事案件适用法律若干问题的解释》，1000—3000元以上为数额较大，在该数额以下的则属于治安案件，不认为是犯罪。最近几年，我国一方面不断将治安案件升格为犯罪，扩大犯罪圈；另一方面不断提高盗窃罪的犯罪标准，提高盗窃罪的门槛。这说明国家意识到了在法治建设时期依靠刑法进行社会治理的重要性。因此，扩大犯罪圈是社会发展的必然趋势，但又碍于二元制治理模式根深蒂固、警察权强大的现实，短期内难以在盗窃罪治理方面彻底实行一元制。

一、"但书"及其历史演变

（一）犯罪概念的"定"与"变"

犯罪门槛的降低首先会引起我国犯罪概念的变化。我国《刑法》第13条采用形式和实质混合的方式规定了犯罪的概念。该条前半段"一切……危害社会的行为，依照法律应当受刑罚处罚的，都是犯罪"从正面对犯罪做了界定，指出了犯罪的本质即社会危害性，后半段"但是情节显著轻微危害不大的，不认为是犯罪"又从反面对犯罪的外延进行了限定，即对犯罪的社会危害性进行了量的限制，将犯罪限于社会危害性较大的行为。这样一来，"但书"规定就成了一个排除犯罪成立的出罪事由，使我国对犯罪的认定成为立法定性加定量的模式。根据"但书"的规定，情节显著轻微危害不大的行为，不认为是犯罪。不认为是犯罪的行为即不属于刑事违法的行为，根据是否受行政法律规制，可以分为两类：一类是受行政法规制的行政不法行为，如行为人盗窃价值 300 元的财物的行为，这一类行为主要受治安管理处罚法规制；另一类是不受行政法律规制的行为，这类行为一般由民法或道德调整。

《刑法修正案（九）》将大量行政不法行为甚至部分民事不法行为升格为犯罪，明显降低了犯罪门槛，扩大了犯罪圈。这样，犯罪的范围在逐步扩大，同时，《刑法》第 13 条 "但书"的范围实质上在明显缩小。尽管《刑法》第 13 条关于犯罪定义的规定并未发生变化，看起来形式上是稳定的，只是分则中部分罪名的入罪门槛降低，但由个别到一般、从局部到整体、由分则到总则，分则诸多罪名入罪门槛的降低必定会对总则中关于犯罪定义的规定产生反作用，从而带动总则中犯罪门槛的下降，特别是对第 13 条的"但书"规定产生影响。[1] 因此，犯罪概念在实质上又是不断变动的。在全面推进依法治国的今天，犯罪化是一个不争的事实，从某种程度上说，降低犯罪门槛、扩大犯罪圈是法治文明的标志。在这样的时代背景下，"但书"的范围便逐步缩小，"但书"最终何去何从颇值得

---

〔1〕 参见卢建平："犯罪门槛下降及其对刑法体系的挑战"，载《法学评论》2014 年第 6 期。

思考。

(二)"但书"的历史考察

欲厘清我国犯罪概念及"但书"的规定,应考察"但书"的发展脉络。新中国成立之初,在刑法制定方面,以俄为师,取法苏联。[1]犯罪概念的"但书"规定是伴随着苏俄刑法具有阶级内容的犯罪实质概念应运而生的,其逻辑基础是犯罪的社会危害性理论。[2]

俄国十月革命以后,新政权以马克思列宁主义为指导,建立新的政治体制,刑法学的发展也受到新意识形态的直接影响,对刑法和犯罪阶级性质的看法是同马克思列宁主义关于国家阶级性质的学说相联系的。[3]苏俄第一部刑事法典是1919年12月通过的《苏俄刑法指导原则》,其只规定了总则的内容,而没有分则内容,其中第5条规定,"犯罪是违反刑法所保护的社会关系的秩序的行为",第6条进一步规定了犯罪概念,即"犯罪是危害某种社会关系的作为或不作为"。[4]可以看出,第5条属于形式定义,而第6条则属于实质定义。1922年《苏俄刑法典》采取了实质的犯罪概念:"凡威胁苏维埃制度基础及工农政权在向共产主义过渡时期内所建立的革命秩序的一切有社会危害性的作为或不作为,均为犯罪行为。"同时,该刑法典规定了类推制度,而没有确定法制原则。[5]苏联刑法关于"但书"的规定最早见于1926年《苏俄刑法典》第6条:"目的在于反对苏维

---

〔1〕 高铭暄:"论四要件犯罪构成理论的合理性暨对中国刑法学体系的坚持",载《中国法学》2009年第2期。

〔2〕 参见陈兴良:"'但书'规定的法理考察",载《法学家》2014年第4期。

〔3〕 参见曹子丹等译:《苏联刑法科学史》,法律出版社1984年版,第4页。

〔4〕 参见陈兴良:"'但书'规定的法理考察",载《法学家》2014年第4期。

〔5〕 参见米铁男:"论苏俄犯罪概念对特拉伊宁犯罪构成学说的影响",载《暨南学报(哲学社会科学版)》2014年第8期。

埃制度或者破坏工农政权向共产主义过渡时期所建立的法律秩序的一切作为或不作为，都认为是危害社会的行为。"同时，该条增加了附则内容："对于形式上虽然符合本法典分则任何条文所规定的要件，但因为显著轻微，并且缺乏危害结果，而失去危害社会的性质的行为，不认为是犯罪行为。"[1]1961年施行的《苏俄刑法典》第7条规定："犯罪是刑事法律规定的侵害苏维埃的社会制度、政治制度、经济制度和所有制，侵害公民人身权利、政治权利、劳动权、财产权、其他权利和自由的危害社会的行为（作为和不作为），以及刑事法律规定的其他侵害社会主义法律秩序的危害社会行为。"可见，该部刑法已采取了实质加形式的混合定义。第2款做了与1926年刑法极为相似的规定："形式上虽然符合本法典分则所规定的某种行为的要件，但是由于显著轻微而对社会并没有危害性的作为或不作为，都不认为是犯罪行为。"此外，该法废除了类推制度，确立了法制原则。

苏联刑法之所以有"但书"的规定，主要有两方面原因：一是，苏联刑法对犯罪行为做了实质定义（准确地说，是经历了一个从单纯实质定义到实质加形式的混合定义的过程）。当时，西方资本主义国家绝大部分没有在刑法典中对犯罪进行定义，只有个别国家在形式上对犯罪做了规定。但是，苏联刑法是在批判资产阶级刑法思想和制度的基础上建立的。[2]苏联立法者为了揭示社会主义刑法与资本主义刑法的根本不同，通过实质定义的方式对犯罪进行了界定。从1926年《苏俄刑法典》

---

[1] 王尚新："关于刑法情节显著轻微规定的思考"，载《法学研究》2001年第5期。

[2] 参见曲三强："苏联刑法中的犯罪主体"，载《苏联东欧研究》1988年第1期。

第 6 条的规定可以看出，该条规定的犯罪概念的范围极其广泛，从外延上看，甚至将行政违法都涵盖了进去。为了对这一定义的外延进行限制，立法者又用附则的形式对犯罪概念进行了限制，将犯罪限于较为严重的危害社会的行为。二是，1926 年《苏俄刑法典》第 16 条规定了类推制度："某种危害社会的行为，如果是本法典没有直接规定的，它的刑事责任的根据和范围，可以比照本法典所规定的同这种犯罪最相类似的犯罪种类的条款来规定。"〔1〕类推制度容易导致刑法被滥用，使人权受到不应有的侵害，所以现代法治国家对类推制度往往持否定态度。苏联刑法规定了类推制度，"但书"可以将一些危害不大的行为排除在犯罪圈之外，免受刑罚权过分扩张带来的负面影响，将类推制度限制在一个相对可控的范围。直到 1958 年 12 月，《苏联和各加盟共和国刑事立法纲要》才取消了类推规定，1961 年《苏俄刑法典》将类推制度彻底废除。

（三）我国的犯罪概念和类推制度

受苏联刑事立法的影响，我国刑事立法也采纳了实质加形式的混合犯罪定义。1954 年 9 月 30 日《中华人民共和国刑法指导原则草案（初稿）》第 1 条（什么是犯罪）第 1 款规定："一切背叛祖国、危害人民民主制度、侵犯公民的人身权利、破坏过渡时期的法律秩序，对于社会有危害性的在法律上应当受到刑事惩罚的行为（行为包括作为和不作为），都认为是犯罪。"第 2 款规定："情节显著轻微并且缺乏危害结果，因而不能认为对社会有危害性的行为，不认为犯罪。"此后的刑法草案第 13、21、22、27、30、33、36、37、38 次稿都做了与上述基本相同

---

〔1〕 陈汉章等译：《苏俄刑法典》，法律出版社 1956 年版，第 7 页。

的规定。[1]这部分立法内容显然借鉴了 1926 年《苏俄刑法典》的内容。我国 1979 年《刑法》第 10 条和 1997 年《刑法》第 13 条都采取了实质加形式的混合犯罪定义。因此可以看出，1926 年《苏俄刑法典》第 6 条附则规定的"缺乏危害结果，而失去危害社会的性质"，1960 年《苏俄刑法典》第 7 条第 2 款规定的"显著轻微而对社会并没有危害性"，都是指对社会没有危害，而我国上述"但书"规定的"显著轻微危害不大"指的是对社会有危害，但危害不大。除此之外，我国刑法中的"但书"规定和《苏俄刑法典》犯罪概念的规定基本一致，明显带有其痕迹。

在类推方面，虽然我国法制史上就有与类推相似的制度，例如清朝的比附制度，新中国成立后类推制度的确立却与效法苏联密不可分。1951 年《中华人民共和国惩治反革命条例》第 16 条规定："以反革命为目的之其他罪犯未经本条例规定者，得比照本条例类似之罪处刑。"1979 年《刑法》第 79 条规定了类推适用："本法分则没有明文规定的犯罪，可以比照本法分则最相类似的条文定罪判刑，但是应当报请最高人民法院核准。"直到 1997 年修订《刑法》时，类推规定才被废除。

二、"但书"的利与弊

（一）"但书"的作用

我国司法实践中确实存在入罪容易出罪难的现状，"但书"在实践中确实起着一定程度的出罪作用。但是，"但书"作用的有限性和存续现状有待进一步研究。

表面上"但书"规定在总则部分，且分则中每个罪都存在

---

[1] 参见高铭暄、赵秉志编：《新中国刑法立法文献资料总览》，中国人民公安大学出版社 1998 年版，第 136 页及以下。

情节严重与否的问题，"但书"似乎可以适用于所有犯罪，但实际并非如此。我国刑法分则规定了多种犯罪类型，有危险犯、行为犯、结果犯、情节犯、数额犯等。这些犯罪可以归纳为两类，一类是刑法分则规定了限量因素，另一类是刑法分则没有规定限量因素。规定了限量因素的犯罪，一般不适用"但书"的规定。例如，丢失枪支不报罪要求造成严重后果，重大责任事故罪要求发生重大伤亡事故或者造成其他严重后果，变造货币罪要求数额较大，利用未公开信息交易罪要求情节严重，虐待罪要求情节恶劣。对于这类犯罪，刑法分则已经规定了相应的罪量，只有符合了该罪量的要求，才能认为具有刑法所规定的社会危害性，已经将"但书"规定的情节显著轻微危害不大的情形排除在外。特别是单纯以情节作为入罪标准的犯罪，如诬告陷害罪、侮辱罪、诽谤罪、煽动民族仇恨、民族歧视罪等，只有情节严重才能入罪，自然排除情节显著轻微的适用余地。因此，对于刑法分则规定罪量的犯罪，在定罪时应以该分则的规定为标准，自然无须再考虑"但书"的内容。需要说明的是，有些犯罪类型比较复杂，包含多种行为类型，例如盗窃罪，既有数额较大、多次盗窃等罪量限制，又有入户盗窃、携带凶器盗窃、扒窃等非罪量的规定。对此类犯罪，前两种有罪量规定的行为，从立法层面来讲，无须考虑"但书"的规定，但如果最高司法机关将情节和数额等罪量结合在一起做出司法解释，还要考虑到司法解释的特别规定。对于刑法分则没有规定罪量的犯罪，也并非全部都可适用"但书"。我国刑法分则依据危害性质不同将犯罪分为十类，在这十类犯罪中，危害性比较严重的一般不适用"但书"的规定，例如，在危害国家安全罪和大部分危害公共安全罪中，行为所侵害的都是重大客体，行为本身就具有严重危害社会的性质。此类行为，与"但书"所言的情节显著轻微危害不大存在危害性质的明显对立,也没有适用"但书"的余地。引申之,对于刑法分则中的行为犯,性质越是严重,适用"但书"的余地就越小,例如,故意杀人、强奸等行为,一般情况下也不适用"但书",但允许有个别例外。此外,危险犯是否可以适用"但书"?危险犯是指以行为人出于故意或过失而实施的危害行为造成法定的危险状态作为构成要件要素的犯罪。[1]对于具体危险犯,因为刑法分则已设置了具体的入罪标准,符合这个标准自然就具有相应的社会危害性,就超出了"但书""危害不大"的范畴。对于抽象危险犯,笔者认为也不能适用"但书",因为抽象危险犯的存在说明此类行为本身在客观上就具有较高程度的危险,一旦实施,极易对犯罪客体造成损害或使之陷入危险境地,如危险驾驶罪和生产、销售假药罪等。也有观点认为,"但书"可以适用于抽象危险犯,因为在抽象危险犯的场合,危险是立法者根据社会生活经验推定的,具有一般性、类型性特征,并不是完全可靠的。任何性质上属于抽象危险犯的犯罪,除非刑法有特别规定,否则在认定是否构成犯罪时都要考虑总则"但书"的规定。[2]笔者认为,之所以规定抽象危险犯,就是因为此类行为自身具有高度的危险,刑法推定这类行为无须定量限制,一律构罪。也正是抽象危险犯的危险是一种立法推定的危险,无须司法认定,将抽象危险犯一律入罪的情况下,对于情节较轻的情形只能作为量刑情节考虑。[3]

通过上述分析可以发现,在刑法分则中,有许多犯罪是不

---

〔1〕 参见王志祥:《危险犯研究》,中国人民公安大学出版社2004年版,第21页。

〔2〕 参见何荣功、罗继洲:"也论抽象危险犯的构造与刑法'但书'之关系——以危险驾驶罪为引例",载《法学评论》2013年第5期。

〔3〕 参见陈兴良:"'但书'规定的法理考察",载《法学家》2014年第4期。

能适用"但书"的,可以适用"但书"的主要是性质较轻而分则条文中又没有定量因素限制的犯罪。此外,对于大部分犯罪的预备、未遂、中止状态,"但书"有适用的余地。[1]可见,"但书"在刑法分则中的作用是非常有限的,其出罪功能并不像人们想象的那么有效。也有学者认为,"但书"在我国当前的司法实践中担负着出罪的重要功能,不宜废除。那么,在司法实践中,"但书"的出罪功能到底如何呢?可以通过表4中的相关数据进行分析。

表4 2002年至2019年全国法院刑事案件判决生效情况

年份	宣告无罪（人）	宣告不负刑事责任、免于刑事处罚（人）	给予刑事处罚（人）	本年生效判决（人）	无罪判决占比
2002	4 935	11 266	690 506	706 707	0.7%
2003	4 835	11 906	730 355	747 096	0.65%
2004	3 365	12 345	752 241	767 951	0.44%
2005	2 162	13 317	829 238	844 717	0.26%
2006	1 713	15 196	873 846	890 755	0.19%
2007	1 417	15 129	916 610	933 156	0.15%
2008	1 373	17 312	989 992	1 008 677	0.14%
2009	1 206	17 223	979 443	997 872	0.12%
2010	999	17 957	988 463	1 007 419	0.1%
2011	891	18 281	1 032 466	1 051 638	0.08%

---

〔1〕参见张永红:《我国刑法第13条"但书"研究》,法律出版社2004年版,第93页。

续表

年份	宣告无罪（人）	宣告不负刑事责任、免于刑事处罚（人）	给予刑事处罚（人）	本年生效判决（人）	无罪判决占比
2012	727	18 974	1 154 432	1 174 133	0.06%
2013	825	19 231	1 138 553	1 158 609	0.07%
2014	778	19 253	1 164 531	1 184 562	0.07%
2015	1 039	18 020	1 213 636	1 232 695	0.08%
2016	1 076	19 966	1 199 603	1 220 645	0.09%
2017	1 156	21 162	1 248 423	1 270 741	0.09%
2018	819	17 211	1 412 061	1 430 091	0.06%
2019	1 388	21 890	1 637 957	1 661 235	0.08%

从以上数据可以发现，判决生效的刑事案件中，宣告无罪的被告人数量占比极低，且宣告无罪的人数不断减少，2002年的4 935人减少至2018年的819人，比率由2002年的0.7%下降至2018年的0.06%，而这期间刑事案件判决总人数和给予刑事处罚的人数总体上却在不断上升。尽管这从一定程度上证明了我国的司法水平在逐步提高，但也说明在法院审判的刑事案件中，宣告无罪的案件越来越少，即出罪的可能性越来越小。

我国2018年修正的《刑事诉讼法》第200条规定，法院做出无罪判决有两种情形：一是依据法律认定被告人无罪的，应当做出无罪判决；二是证据不足，不能认定被告人有罪的，应当做出证据不足、指控的犯罪不能成立的无罪判决。可见无罪判决的依据有两个，一个是实体法依据，另一个是程序法依据。"但书"出罪主要是实体法依据。因公布的数据有限，本书无法搜集到在前述宣告无罪的刑事案件中，根据《刑法》第13条

"但书"做出判决的案件具体数量。但根据无罪判决占比极低这一事实可以发现，"但书"出罪在目前是极为有限的，且呈式微态势。根据现代刑法理论，科学的出罪方式有两种，一种是通过刑法中犯罪构成的评价予以非罪化，另一种是通过程序法进行出罪。而在我国，如果一个行为符合刑法分则的犯罪构成，却利用刑法总则的规定予以出罪，说明犯罪构成的评价机制存在问题。目前"但书"在刑法中确实发挥着不可忽视的作用，我们需要研究的是，如何完善我国的犯罪论体系，通过犯罪构成和程序法达到科学出罪的目的，而不能以出罪机制不完备为由主张"但书"继续存在。

例如，最高人民法院2018年12月19日发布的第19批指导性案例中的王力军非法经营再审改判无罪案（指导案例97号），对于王力军没有办理粮食收购许可证和工商营业执照而从周边农户手中收购玉米的行为，内蒙古自治区巴彦淖尔市临河区人民法院于2016年4月15日做出的刑事判决认定，被告人王力军犯非法经营罪，判处有期徒刑1年，缓刑2年，并处罚金人民币2万元；被告人王力军退缴的非法获利款人民币6000元，由侦查机关上缴国库。[1]最高人民法院于2016年12月16日做出（2016）最高法刑监6号再审决定，指令内蒙古自治区巴彦淖尔市中级人民法院对本案进行再审。内蒙古自治区巴彦淖尔市中级人民法院于2017年2月14日作出（2017）内08刑再1号刑事判决：撤销内蒙古自治区巴彦淖尔市临河区人民法院（2016）内0802刑初54号刑事判决；原审被告人王力军无罪。内蒙古自治区巴彦淖尔市中级人民法院在裁判理由中认为：原判决认定的原审被告人王力军于2014年11月至2015年1月期间，没有

---

[1] 参见内蒙古自治区巴彦淖尔市临河区人民法院（2016）内0802刑初54号刑事判决书。

办理粮食收购许可证及工商营业执照买卖玉米的事实清楚,其行为违反了当时的国家粮食流通管理有关规定,但尚未达到严重扰乱市场秩序的危害程度,不具备与《刑法》第 225 条规定的非法经营罪相当的社会危害性、刑事违法性和刑事处罚必要性,不构成非法经营罪。[1]根据一、二审的判决情况分析,王力军没有办理粮食收购许可证及工商营业执照买卖玉米的行为,符合非法经营罪的规范要求,只不过其行为的社会危害性没有那么大,依据"但书"对其行为的危害程度再次评价后予以出罪。我们为王力军感到欣慰的同时,更需要反思非法经营罪成立要件的合理性。不同的法院对同一行为的规范评价有截然相反的认识,说明非法经营罪的构成要件不够具体,兜底条款的负面影响可见一斑。由于社会危害性极为抽象,危害程度的大小缺乏具体的判断标准,且不同法官对社会危害性存在不同认识,容易出现社会危害性被不公平适用的情况,造成相似行为相反判决的结果。因此,提高刑法立法技术,增强个罪规范的精准性和指引性,才能保障公民合法权利不被侵犯,进而推动公平正义的实现。如果因个罪规范粗疏导致入罪不严格,则"但书"出罪的作用是极为有限的。

(二)"但书"的弊端

我国采用定性加定量、实质加形式的犯罪概念,表面上看,既揭示了犯罪的本质,又坚持了罪刑法定,且与刑法分则定性加定量的模式相呼应,实则会产生一系列问题。

1. "但书"存在依据的丧失

从犯罪的实质概念到混合概念的演变是以类推制度的存废

---

[1] 参见内蒙古自治区巴彦淖尔市中级人民法院(2017)内 08 刑再 1 号刑事判决书。

为背景的,这是一个逐渐向罪刑法定原则接近的过程。[1] 1922年《苏俄刑法典》对刑法分则以外的其他危害社会的行为以犯罪的名义进行处罚,其依据便是总则关于犯罪的实质定义和类推制度的规定。但是实质定义和类推制度的存在,不利于保护公民的合法权利,可能出现人人都随时沦为犯罪分子的境况。为了限制类推的滥用,通过"但书"对犯罪实质定义进行限制,便成为一种制衡的方式。于是,1926年《苏俄刑法典》规定了"但书"的内容,对类推进行一定程度的限制,在打击犯罪与保护权利之间达到一种平衡。二战以后,联合国大会于1948年通过的《世界人权宣言》明文规定了罪刑法定原则。此后,原来适用类推制度的国家都先后在刑法中废除了该规定,并规定了罪刑法定原则。苏联也在1958年废除了类推制度,1961年《苏俄刑法典》也没有再规定此制度。而我国在这方面则相对保守,1979年《刑法》依然保留了类推制度,直到1997年修订《刑法》时才废除该制度,规定了罪刑法定原则。尽管类推制度在我国刑法中已不复存在,但我国刑法并没有在废除类推制度的同时对形式加实质的混合犯罪概念进行修正。规定"但书"的初衷是限制类推的适用,在类推制度已消失的今天,"但书"存在的主要依据已不复存在。

2."但书"与现代犯罪治理理念的悖行

犯罪治理关乎国家统治、政权稳定,更关涉人民福祉、社会安宁,关乎长治久安。对于转型时期的当代中国而言,探讨如何系统、科学、有效地治理犯罪显得尤为重要。中国整体上处于转型期,社会转型是社会结构性过渡与变迁的过程,其核心内容包括机制转轨、利益调整以及观念转变,人们的生活方

---

[1] 参见陈兴良:"'但书'规定的法理考察",载《法学家》2014年第4期。

式、交往行为以及价值体系也将发生深刻的变化。[1]治理理论是当今政治学发展的主要成果之一。党的十八届三中全会通过的《中共中央关于全面深化改革若干重大问题的决定》正式引入治理理论，党的十九届四中全会通过的《中共中央关于坚持和完善中国特色社会主义制度 推进国家治理体系和治理能力现代化若干重大问题的决定》更是将治理作为一项核心概念。这种变化和进步对于中国治国理政的影响是全面而深刻的。在治理理论不断深化并广泛应用于实践的基础上，理论界又提出了"善治"（Good Governance）概念。"善治"，即"良好的治理"之意，是一个追求公共利益最大化的社会治理自我完善过程，强调通过国家与社会之间的良性竞争与协同合作最终建立起现代化的社会治理系统。[2]将治理理论融入我国犯罪治理的实践中，探索实现犯罪治理理念的现代化，符合"善治"的基本要求。其中，治理模式的科学定位是现代犯罪治理理念的应有之义。融入治理理论后的犯罪治理，表现为对犯罪或社会越轨行为采取行动或做出反应的过程，是在客观准确观察犯罪问题的基础上，确立适当的政策目标，选择合理的路径与方法，组合多方力量系统作用于犯罪现象的科学之道。[3]在我国行政违法和刑事违法二元制治理模式下，社会危害性较小的行为不认为是犯罪，用犯罪治理的理念检讨现行治理模式可以发现，刑法对某些犯罪对象存在保护不充分的问题。刑法虽然是社会控制的最后手段，但是，不允许对法律保护的对象提供不充分的刑

---

〔1〕 参见李培林：《社会转型与中国经验》，中国社会科学出版社2013年版，第4页。

〔2〕 参见俞可平："治理和善治引论"，载《马克思主义与现实》1999年第5期。

〔3〕 参见卢建平主编：《中国犯罪治理研究报告》，清华大学出版社2015年版，第12页。

法保护。在当代社会中，对社会赖以存在的基本道德观念如果没有提供充分的刑法保护，那么，一些行业的生存基础就会直接面临犯罪的侵害而难以存续，例如，小额盗窃对超市或者无人售货系统的危害就是灾难性的。从犯罪学的研究来看，犯罪行为的成功会加强犯罪的决心和意志，小的犯罪行为如果不能及时受到惩罚，将助长严重、顽固而坚决的犯罪意念。如果在法律上宣布侵犯一定数额以下的财产不受刑法处罚，无异于宣布犯罪具有不受处罚的保险系数，这种做法在商品社会中可能造成的后果是难以想象的。不言自明，不彻底的犯罪概念对于一个社会的道德建设也会是灾难性的，因为它造成了道德上是非对错观念的模糊，从而导致社会道德水平的严重下降。小的犯罪没有受到及时打击，容易使大的犯罪的产生获得一个稳定的温床。[1]因此，"但书"的存在，不能够切实发挥刑法对犯罪对象的充分保护作用，在一定程度上等于对轻微犯罪的放纵。就像用渔网抓鱼，小于渔网网眼的都漏出去了，等待着长大，达到一定的规格后才来抓它，这样就会形成一个无休无止的恶性循环。[2]因此，"但书"的存在，不利于对犯罪的预防和控制，与现代犯罪治理理念的全面治理、科学治理、有效治理是相悖的。

3. "但书"与分则具体犯罪的抵牾

在刑事立法史上，刑法总则犯罪定义后面附加上"但书"的内容，从立法上缩小打击面，是一种创新，对于指导司法实践有着积极的意义。[3]但是，值得反思的是，刑法对犯罪采取

---

〔1〕参见王世洲："中德划分罪与非罪方法的比较研究"，载《南京大学法律评论》1999年秋季号，第97页。

〔2〕参见卢建平："贿赂犯罪十问"，载《人民检察》2005年第13期。

〔3〕参见储槐植："我国刑法中犯罪概念的定量因素"，载《法学研究》1988年第2期。

实质加形式的混合定义是否有欠妥之处？犯罪的实质定义目的在于揭示行为的本质，对应行为的社会危害性；犯罪的形式定义目的在于昭示法定原则，对应行为的法律明确性。单纯的形式定义，不会给刑法的适用带来问题，按照罪刑法定原则，根据刑法分则的规定适用即可。实质定义则不然，其揭示的是行为的质，而基于我国刑法为报应法的传统观点，[1]刑法只处罚严重的危害行为，对于不严重的危害行为则进行行政处罚或不予处罚。按照实质定义的理解，凡是有社会危害性的行为，都属于犯罪，这就严重扩大了犯罪的外延。在我国刑法中，采用实质加形式的犯罪定义，貌似规避了单纯实质定义的弊端，实则不然。因为我国刑法分则中既存在没有定量因素的犯罪，也存在有定量因素的犯罪。分则没有定量因素的犯罪，或者是社会危害性较大的行为犯，如危害国家安全罪、杀人罪、强奸罪、抢劫罪，或者是社会危害性不大但量刑较轻且不宜划分危害程度的轻微犯罪，如重婚罪、危险驾驶罪等。对于这部分犯罪，若使用"但书"的规定，则与罪刑法定的要求相冲突。分则有定量因素的犯罪，如盗窃罪、诈骗罪、抢夺罪、招摇撞骗罪、寻衅滋事罪等。对于这部分犯罪，直接适用分则的规定即可，没必要再参考总则"但书"的规定。如果说"但书"有存在的余地，可能对于犯罪的未完成形态是有必要的，我国以处罚预备犯、未遂犯和中止犯为原则，这些情形中有一部分行为因为危害性不大而不值得刑法处罚。对于这部分行为，要求刑法在对犯罪定性的同时必须定量，以限制处罚的范围。但问题是，

---

[1] 尽管我国《刑法修正案（八）》《刑法修正案（九）》和《刑法修正案（十一）》陆续增设部分轻微犯罪，降低个别罪的法定刑，刑法开始向犯罪圈扩大、刑罚轻缓化方向转变，但比较而言，就现有的罪名和刑罚而言，我国的刑法仍处于犯罪圈狭小、刑罚偏重的重刑主义状态。

我国以处罚预备犯、未遂犯和中止犯为原则的立法规定是否合理？综观国外刑事立法，大多以处罚既遂犯为原则，以处罚未遂犯（广义）为例外，这是刑罚轻缓化的表现之一。比较而言，我国的刑法规定显然要严厉得多。所以，与其说"但书"有存在的必要，不如说我国对犯罪完成形态的处罚方式存在问题。

4. "但书"加剧了警察权对司法权的侵蚀

"但书"的存在使性质相同的行为因其社会危害性的"量"——数额或情节——之不同，而被认定为犯罪行为或行政违法行为，进而构筑了我国所特有的"定性加定量"的刑事立法模式。在立法上同时注重对犯罪的"质"的规定与"量"的把握，将犯罪门槛设置得较高并配置很重的刑罚，而在犯罪门槛（罪量）之下的"同质"行为却交由行政处罚（有时伴有行政处分）来规制。可以说我国国家主导的犯罪治理是刑事处罚模式与行政处罚模式并存，而且行政处罚模式有更大的适用空间。行政处罚模式固然能够提高处置效率，而且可以让刑法集中有限资源打击严重刑事犯罪，但也带来了刑法干预严重滞后、行政权膨胀、程序性保障缺失等弊端。[1]从整体上权衡利弊，要革新犯罪治理理念，需建立起以刑事司法模式为核心的犯罪治理模式，而非行政处罚模式，必须对行政处罚与刑事司法做出合理界分，进而确立科学的犯罪治理模式，以避免刑法干预滞后、行政权膨胀所引发的刑法规范被行政权架空的窘境，真正实现犯罪治理理念与社会主义法治理念的和谐一致。从前文盗窃罪的数据可知，在二元制治理模式下，每年平均有200万件以上的盗窃治安案件由公安机关独自处置，这些治安案件没

---

〔1〕参见卢建平："刑事政治与刑事法治随想"，载赵秉志主编：《当代刑事法学新思潮：高铭暄教授、王作富教授八十五华诞暨联袂执教六十周年恭贺文集》（下卷），北京大学出版社2013年版，第1790—1794页。

有进入司法程序的机会，当事人的权利将难以得到司法保障。由此可见，"但书"的存在导致警察权过度膨胀而司法权被严重挤压，造成了警察权对司法权的侵蚀。

由以上分析可知，我国实质加形式的混合犯罪概念并不能完全实现罪刑法定，特别是实质概念部分，与罪刑法定本来就是相冲突的，为了实现对警察权的照顾，兼顾避免犯罪圈的模糊不清，又通过"但书"对犯罪圈予以限制。总则这样规定对分则个罪而言并没有实际意义，充其量是为分则犯罪门槛的设置提供一个依据。刑法分则中个罪犯罪圈的大小并非必须由总则做出一般性的规定，在犯罪形式定义模式下，犯罪圈的大小由分则直接规定即可完成。关于"但书"的出罪功能，从实体法的角度讲，应该通过犯罪构成解决，即犯罪体系不仅要完成入罪的任务，还要兼具出罪的功能；从程序法角度讲，司法机关也应当具备出罪的权责，并应在司法实践中切实发挥对轻微危害行为的出罪职责。在新时代全面推进依法治国的背景下，刑法也必然走向科学化和人性化。为了切实实现罪刑法定，发挥刑法保障人权的作用，应当坚持犯罪概念的形式定义，犯罪圈的大小由分则划定。倘若如此，"但书"从立法上终止似乎是不可避免的。

第三章

盗窃罪治理模式比较

第一节 盗窃罪治理模式简述

一、盗窃罪一元制治理模式简述

当前,世界上大部分国家在治理盗窃罪方面适用一元制治理模式,即所有的盗窃行为,不论盗窃数额多少,都认为是犯罪,适用刑法予以规制。刑法立法只要求对盗窃罪的事实做出判断,以界定何行为是盗窃罪,司法上则做出罪与非罪的价值认定,[1]即立法定性司法定量的治理模式。例如,《法国刑法典》第三卷第一编第一章第311-1条规定:盗窃系指欺诈窃取他人财物的行为。[2]《德国刑法典》第242条(1)规定:意图盗窃他人动产,非法占为己有或使第三人占有的,处5年以下自由刑或罚金刑。[3]《日本刑法典》第235条规定:盗窃他人财物的,是盗窃罪,处10年以下惩役。[4]《意大利刑法典》第

---

[1] 参见牛鲁敬:"盗窃罪的定罪量刑标准研究",烟台大学2008年硕士学位论文。

[2] 参见罗结珍译:《法国刑法典》,中国人民公安大学出版社1995年版,第102页。

[3] 参见徐久生、庄敬华译:《德国刑法典》,中国方正出版社2004年版,第119页。

[4] 参见张明楷译:《日本刑法典》(第2版),法律出版社2006年版,第89页。

624条规定：为自己或其他人获取利益的目的，使他人的动产脱离持有人的控制，将其据为己有的，处以6个月至3年有期徒刑和154欧元至516欧元罚金。[1]《新加坡刑法典》第378条规定：任何人未经动产拥有人的同意，故意移动动产，意图不诚实地使该动产脱离其拥有人的占有的，是盗窃罪。[2]英国早期普通法规定所有盗窃行为都是重罪，哪怕是偷一个苹果。英国现在的盗窃罪分为轻盗窃和重盗窃，但是这种轻重程度之分亦只有刑罚上的意义。[3]美国大多数州仍沿袭英国传统，将盗窃罪分为重罪与轻罪（微罪），其中盗窃数额是划分方法之一。例如，1962年《模范刑法典》规定，盗窃数额超过500美元或者盗窃发火武器或机动交通工具的，构成三级重罪；盗窃数额50美元以下的构成微罪。加利福尼亚州的法律规定：盗窃500美元以上的为重罪，50美元以上500美元以下的为轻罪，50美元以下的为微罪。[4]由此可知，国外大都是根据盗窃行为的性质对盗窃罪进行规定的，盗窃罪的成立与盗窃数额没有关系，盗窃数额至多是量刑的依据。

西方国家一般从行为是否应受刑事制裁的法律形式特征上界定犯罪，以严厉程度不同的刑罚为标准，将犯罪作重罪与轻罪的划分，即仅从法律形式的意义上界定犯罪，犯罪的定量因素只在确定重罪与轻罪时起作用，而在罪与非罪的问题上只考

---

[1] 参见黄风译注：《最新意大利刑法典》，法律出版社2007年版，第222页。

[2] 参见刘涛、柯良栋译：《新加坡刑法》，北京大学出版社2006年版，第86页。

[3] 参见储槐植、汪永乐："再论我国刑法中犯罪概念的定量因素"，载《法学研究》2000年第2期。

[4] 参见储槐植：《美国刑法》（第三版），北京大学出版社2005年版，第181页。

虑犯罪的定性。[1]西方国家的刑法对犯罪采取形式定义，刑法典的任务是规定和制裁犯罪行为，而犯罪的本质则属于刑法理论探讨的范围。当然，一元制治理模式下并非不考虑定量因素，只不过这个权限由检察机关和法院行使，他们在诉讼过程中可以根据罪量做出罪与非罪的判断。国外立法普遍未将定量因素纳入犯罪概念，因为在犯罪概念中定量是没有根据的，定量因素只具有量刑意义，而不具有定罪意义。[2]立法定性司法定量的一元制治理模式实际上是立法权与司法权科学划分的反映，立法权不能恣意，特别在涉及司法权和行政权划分的时候更应该小心，不能通过立法导致权力错位。

二、盗窃罪二元制治理模式简述

与国外一元制治理模式不同，对于数额型盗窃案件，我国目前根据盗窃数额的大小将其分为盗窃治安案件和盗窃刑事案件，分别纳入治安管理处罚法和刑法的规制范围，刑法对盗窃罪的规定采取定性加定量的模式，我们称之为二元制治理模式。

在对定罪模式作出评价之前，应当先厘清犯罪与治安管理处罚法中的行为的本质。根据辩证唯物主义的观点，质是指一个事物区别于其他事物的内在规定性，也就是说，此事物之所以能被称为此事物，是因为质的不同。对于犯罪与治安管理处罚法中的行为的本质，我们可以从其定义中寻找。我国《刑法》第13条规定："一切……危害社会的行为，依照法律应当受刑罚处罚的，都是犯罪，但是情节显著轻微危害不大的，不认为

---

[1] 参见张勇："犯罪定量刑法模式的比较与选择"，载《河北法学》2006年第5期。

[2] 参见李居全："也论我国刑法中犯罪概念的定量因素——与储槐植教授和汪永乐博士商榷"，载《法律科学（西北政法学院学报）》2001年第1期。

是犯罪。"可以看出该条的规定有两层意思：一是，从质的方面界定犯罪内涵，即犯罪是危害社会的行为；二是，从量的方面限定犯罪的外延，即行为的社会危害性达到一定的程度，如果情节显著轻微危害不大，则不认为是犯罪。从《刑法》第13条可知，我国对犯罪采取的是既定性又定量的定义模式。根据通说的观点，犯罪有三个基本特征，分别是社会危害性、刑事违法性和应受刑罚惩罚性。其中，社会危害性是指行为对刑法所保护的社会关系造成或可能造成这样或那样损害的特性。[1]它是从质的角度而言的，是犯罪最基本的特征。刑事违法性和应受刑罚惩罚性是从量的角度而言的，即危害行为达到了刑法规定的严重程度，则会违反刑法规范，例如，盗窃他人的财物要达到数额较大的程度才构成盗窃罪。具有刑事违法性的行为自然应受到刑罚惩罚，此即应受刑罚惩罚性。具有社会危害性，但严重程度达不到刑法规定的标准的行为，则属于行政违法行为，由治安管理处罚法进行规制。我国《治安管理处罚法》第2条规定："扰乱公共秩序，妨害公共安全，侵犯人身权利、财产权利，妨害社会管理，具有社会危害性，依照《中华人民共和国刑法》的规定构成犯罪的，依法追究刑事责任；尚不够刑事处罚的，由公安机关依照本法给予治安管理处罚。"可见，治安管理处罚法中的行为在性质上和刑法中的行为一样，都是危害社会的行为，但是，治安管理处罚法中的行为在量上达不到犯罪的危害程度。也就是说，违反治安管理处罚法的违法行为和违反刑法的犯罪行为，在本质上是一样的，都具有社会危害性，二者的区别仅是违法程度不同。由此可知，我国对危害社会的行为采取的是二元制治理模式，将危害程度较小的行为纳入行

---

〔1〕 参见高铭暄、马克昌主编：《刑法学》（第五版），北京大学出版社、高等教育出版社2011年版，第44页。

政违法的范围,实行治安管理处罚;将危害程度较大的行为纳入犯罪的范围,实行刑事处罚。相比之下,国外大多数刑法没有明确规定什么是犯罪,但通过分则对各罪的描述可知,只要认为某行为具有危害社会的性质,不论该行为违法程度大小,立法上就认为其是犯罪,最后成立犯罪与否,则交由司法裁定。亦即,国外刑法对犯罪的认定大多只在行为的性质上予以类型化,不再从社会危害程度上进行限定。

第二节 盗窃罪治理模式的利弊分析

一、一元制治理模式的利与弊

(一)一元制治理模式的相对优势

盗窃罪的一元制治理模式,是根据盗窃罪的社会危害性,将所有盗窃行为都视为犯罪,统一纳入犯罪的范畴,社会危害程度仅作为量刑的考量因素,不再是罪与非罪的关键区别。相对而言,一元制治理模式具有以下优势。

1. 具有正当化的理论根基

将盗窃治安案件认定为犯罪,一个重要的理论依据是盗窃犯的自然犯性质。虽然自然犯与法定犯的划分是相对的,且分类标准莫衷一是,但自然犯与法定犯在刑法中的区分由来已久,其最初萌芽可以追溯至罗马法时代的自体之恶与本体之恶。[1]在现代法学中,意大利著名法学家加罗法洛对自然犯与法定犯作了区分,他认为,所谓自然犯,是以缺乏人类本来就具有的爱他感情中最本质的怜悯之情和诚实的行为为内容的犯罪,而

---

[1] 参见黄明儒:"论行政犯与刑事犯的区分对刑事立法的影响",载赵秉志主编:《刑法论丛》(第13卷),法律出版社2008年版,第171页。

所谓法定犯则只是由立法所规定的犯罪。怜悯之情和诚实具有直接与伦理、道德相联系的性质，所以盗窃犯的背后存在社会伦理。[1]时至今日，加罗法洛之观点仍为有力的学说。自然犯是对社会道德伦理规范和法秩序的双重违反，而法定犯违反的仅仅是法秩序，与社会道德伦理规范无关。自然犯与法定犯对社会的危害程度是不同的，一般情况下，自然犯的社会危害程度比法定犯的大。如果把社会比作一座塔，法定犯是使塔身或塔尖受损，而自然犯侵害的则是支撑整座塔的塔基。所以，绝大多数国家都将自然犯纳入了犯罪的治理范畴，而不作量的限制。具体到盗窃罪，国外通行做法是原则上将所有盗窃行为都认定为犯罪，犯罪数额不影响盗窃罪的成立，至多是量刑的影响因素。为了防止盗窃罪的不当扩大，有的国家将数额较小的盗窃行为规定为自诉罪，例如德国、意大利等；对于确实不值得刑罚处罚的盗窃行为，通过犯罪构成和程序法予以出罪化，但都不会在刑法之外进行其他处罚。虽然国外也有违反秩序法，但都没有将轻微盗窃行为作为违反秩序法规制的对象。之所以如此，就是因为盗窃罪的自然犯属性，它是与社会道德的谴责（也就是无价值评价）相联系的刑事违法行为，应当承担的是以伦理为基础的刑事责任；违反秩序法规定的是非刑事性的违反秩序行为，违反秩序行为造成的是在伦理上无可非难的"行政抗命"（Verwaltungsungehorsam，或者行政不服从）。[2]所以，基于盗窃行为自身社会道德伦理规范和法秩序的双重违反性质而具有的较大社会危害性，一元制治理模式不再做量的区分，而将

---

[1] 参见［日］大塚仁著，冯军译：《犯罪论的基本问题》，中国政法大学出版社1993年版，第18—19页。

[2] 参见王世洲："罪与非罪之间的理论与实践——关于德国违反秩序法的几点考察"，载《比较法研究》2000年第2期。

其统一认定为犯罪。

2. 有利于刑事政策的制定和执行

一元制治理模式下,盗窃罪类型将会更加丰富,呈现重罪、轻罪和微罪之分,刑事政策也会向更广义、分层次、系统化的方向发展。从一般的打击犯罪转为打击和预防犯罪、研究犯罪现象及其对策,从专政的工具、手段或者武器升华为治国的战略或者艺术,将刑事政策从国家的专属、垄断或者专政的封闭圈子里解放出来,使之成为公共政策,成为全社会关注的公共话题,[1]也使盗窃罪的刑事政策有了更丰富的内容、更开阔的视野。

一元制治理模式下,盗窃治安案件都纳入盗窃罪的统计范围,每年的立案数量都可以客观反映出来,统计的依据具有稳定性、一致性,立案数量具有客观性、连续性,避免了因政治需要而调整立案标准从而更改犯罪数据的可能性。一元制治理模下,我们既可以纵向清晰了解我国盗窃罪的变化趋势,又可以横向准确分析盗窃罪的不同构成类型;既可以从宏观上认识盗窃罪的走向,又能够从微观上探寻盗窃罪的内部要素,这种模式为刑事政策的制定提供了确实可信的事实依据。在执行刑事政策的过程中,盗窃罪全面、客观的犯罪数据可以真实反映刑事政策的可行性与科学性,成为检验刑事政策执行效果的试金石。

3. 能有效增强对警察权的司法监督

一元制治理模式下,所有盗窃行为都被认为是盗窃罪,警察对这些案件不再专享处罚权,案件的最终裁决将由法院作出,或者警察在司法权的监督下行使部分处罚权,盗窃罪依照严格

---

[1] 参见卢建平:"作为'治道'的刑事政策",载《华东政法学院学报》2005年第4期。

的司法程序来处理，当事人的权利由明确的程序法予以保障，如果当事人对裁判结果不服，可以通过程序法的规定申请救济。一元制治理模式明显限缩了警察权，扩大了司法权，可以有效防止重蹈昔日行政机关滥用处罚权侵害公民权利的覆辙，是依法治国理论的必然产物。[1]在一元制治理模式下，警察不再拥有对盗窃治安案件的最终裁决权，不再成为自己所处理事项的裁判者，其权力的行使仅限定在整个诉讼程序中的一个环节，行为人应承担的法律后果交由司法机关予以裁决，体现了全面推进依法治国语境下警察权的司法化。实行一元制治理模式，盗窃案件由公安机关处置转为由中立的法院予以裁决，当事人若对裁决不服，可以上诉。这一模式理顺了盗窃刑事案件参与人的关系，摒弃了以警察权为主导的行政处罚制度，确立了以司法权为中心的裁判制度和以审判为中心的诉讼制度，能够有效限制警察权，保障司法权对警察权的监督制约，维护当事人的合法权利，实现对人权更有利的保护。

4. 符合当代国际潮流

当前，大部分国家对盗窃罪都实行一元制治理模式，不将盗窃数额作为入罪的标准。例如，《法国刑法典》第三卷第一编第一章第311-1条规定：盗窃系指欺诈窃取他人财物的行为。[2]《德国刑法典》第242条（1）规定：意图盗窃他人动产，非法占为己有或使第三人占有的，处5年以下自由刑或罚金刑。[3]《意大利刑法典》第624条规定：为自己或其他人获取利益的目的，使他人的动产脱离持有人的控制，将其据为己有的，处以6

---

[1] 参见李晓明："行政刑法的立论基础"，载《法学》2005年第2期。

[2] 参见罗结珍译：《法国刑法典》，中国人民公安大学出版社1995年版，第102页。

[3] 参见徐久生、庄敬华译：《德国刑法典》，中国方正出版社2004年版，第119页。

个月至 3 年有期徒刑和 154 欧元至 516 欧元罚金。[1]《日本刑法典》第 235 条规定：盗窃他人财物的，是盗窃罪，处 10 年以下惩役。[2]《新加坡刑法典》第 378 条规定：任何人未经动产拥有人的同意，故意移动动产，意图不诚实地使该动产脱离其拥有人的占有的，是盗窃罪。[3] 由此可知，国外大都是根据盗窃行为的性质对盗窃罪进行规定的，盗窃罪的成立与盗窃数额没有关系。另外，有些国家在刑法之外也有类似我国《治安管理处罚法》的法律，例如德国的《违反秩序法》、日本的《轻犯罪法》，这些法律都规定了罚款，其中，德国另规定了没收，日本还规定了拘留。需要说明的是，这些法规都没有将盗窃作为处置对象，盗窃行为只能作为犯罪处理，并且这些法规都规定了严格的诉讼程序和权利救济程序，设有相应的司法机关（治安法院/违警罪法院/简易法庭等）专门审理此类案件，并不像我国直接由公安机关进行处罚。

（二）一元制治理模式的缺陷

对于一元制治理模式，也一直有反对的声音。批判者认为，一元制治理模式在以下方面存在缺陷和不足。

1. 违背刑法谦抑性

刑法谦抑性，本来是"法官不拘泥小事"的思想在罗马法中表达的。据悉，明确提出"谦抑主义"一词的，是日本著名学者宫本英修。宫本博士在其著作《刑法学粹》中说："此系刑罚本身谦抑，不以一切违法行为为处罚的原因，仅限制种类与

---

[1] 参见黄风译注：《最新意大利刑法典》，法律出版社 2007 年版，第 222 页。

[2] 参见张明楷译：《日本刑法典》（第 2 版），法律出版社 2006 年版，第 89 页。

[3] 参见刘涛、柯良栋译：《新加坡刑法》，北京大学出版社 2006 年版，第 86 页。

范围，所以专以适于科处的特殊的反规范的性情为征表的违法行为为处罚的原因。予谓刑法的如斯态度名为刑法的谦抑主义。"[1]在我国，有学者认为，刑法谦抑性，是指立法者应当力求以最小的支出——少用甚至不用刑罚（而用其他刑罚替代措施），获得最大的社会效益——有效地预防和抗制犯罪。[2]也有学者认为，作为刑事立法原则的谦抑性，是指刑法应依据一定的规则控制处罚范围与处罚程度。[3]意大利著名刑法学家切萨雷·贝卡利亚认为，刑法谦抑性的背后是社会契约论思想，公民将自己的部分自由让渡给国家，"这一份份最少量自由的结晶形成惩罚权。一切额外的东西都是擅权，而不是公正，是杜撰，而不是权利"。[4]为了保障公民足够多的自由，让渡给国家的权利越少越好。基于刑法谦抑性，危害社会的行为应当先由民法、行政法等第一次法规范进行调节。刑法规范是保障法规范，只有在第一次法规范不足以发挥保护作用的情形下，才可启用刑法规范进行最后补充性的保护。因此，刑法对社会生活的介入或干预不应过多，而应当尽可能地为第一次法规范充分发挥功能留下广阔的活动空间。[5]基于刑罚的严厉性，犯罪行为都应当是严重危害社会的行为。对于盗窃罪而言，盗窃几元的财物和几千元的财物对社会的危害明显是不同的，而如果都视为犯罪，适用刑法处置，则会挤压民法、行政法发挥作用的空间。

---

〔1〕[日]平场安治等：《团藤重光博士古稀祝贺论文集》（第2卷），有斐阁1984年版，第2页。转引自马克昌："危险社会与刑法谦抑原则"，载《人民检察》2010年第3期。

〔2〕参见陈兴良：《刑法的价值构造》（第二版），中国人民大学出版社2006年版，第292页。

〔3〕参见张明楷：《刑法的基础观念》，中国检察出版社1995年版，第143页。

〔4〕[意]贝卡利亚著，黄风译：《论犯罪与刑罚》，中国大百科全书出版社1993年版，第9页。

〔5〕参见杨凯："论刑法规范谦抑原则"，载《北方法学》2008年第3期。

将不值得刑罚处罚的轻微盗窃行为纳入规制范围，违背了刑法谦抑性。

2. 违背自由主义

自由主义是现代西方社会的主流思想，也是西方主要的意识形态和文化。一般认为，自由主义起源于 17 世纪。1816 年，英国托利党人首次以贬抑的口吻使用自由主义（Liberalism）这一术语。从词源上看，自由主义主要代表了一种追求宪政的政治理念、自由放任的经济政策。从洛克奠基起，产生了许多自由主义的流派，一类是由古典自由主义演化而来的自由至上主义，另一类是对古典自由主义的基本观点进行修正所产生的其他流派，如新自由主义、新保守主义等。〔1〕古典自由主义认为，个人利益是唯一真实的利益，国家存在的正当化根据在于服务个人利益，而不是干预个人在寻找自己既定目标时所具有的主动性和自由。相对于古典自由主义，现代自由主义从其道德理论出发，更倡导个人与社会和国家的统一，强调普遍的自由需要普遍的约束。〔2〕但是，不管是古典自由主义还是现代自由主义，在法律与自由的关系方面，都坚持法律要尽可能少地干涉个人自由，只有当个人的行为危害到他人利益时，个人才应当接受社会的或法律的惩罚。社会只有在这个时候，才对个人的行为有裁判权，也才能对个人施加强制力量。〔3〕法律（特别是刑法）涉足社会生活越深、越广，公民所拥有的权利、自由就越

---

〔1〕 参见陶红梅、陈葵阳："西方自由主义的源与流"，载《学术界》2012 年第 5 期。

〔2〕 参见何荣功：《自由秩序与自由刑法理论》，北京大学出版社 2013 年版，第 28—29 页。

〔3〕 参见［英］约翰·密尔著，程崇华译：《论自由》，商务印书馆 1959 年版，第 3 页。

狭小，其中也就越潜藏着更大的侵犯人权的危险。[1]如果刑法牺牲了个人利益而保护那些不可能还原为个人利益的国家和社会利益，则是完全错误的，人们完全可以抵抗这种法律，而不应受到制裁。[2]因此，必须将刑法禁止的行为限定在绝对必要的限度内，刑法犯罪化必须强调"最后手段性"或"最小化原则"。[3]盗窃罪一元制治理模式下，犯罪圈明显扩大，而犯罪圈越大，对人们的自由干涉就会越多，这和自由主义是相悖的。

3. 增加司法成本，降低司法效率

一元制治理模式下，所有盗窃案件都被认为是犯罪，从而进入司法程序，要经过侦查、起诉、审判的完整诉讼程序。相对于单独由警察处置的二元制治理模式而言，一元制治理模式首先会增加司法成本，耗费更多的司法资源，不具有经济合理性。特别是对于大量的轻微盗窃案件，一元制治理模式下，公安机关只是作为诉讼程序中的一部分，案件的最终裁决由司法机关作出，而当事人要么无罪，要么免于刑事处罚，要么承担轻微的刑事责任，在这种情形下，案件的处置不如由公安机关独自作出更具有经济性。其次，会降低司法效率。一元制治理模式涉及的诉讼参与人比较多，诉讼周期长，即便是简易程序也要经过不同的诉讼机关。对于当事人而言，经过更长的诉讼周期，于身体和心理都是沉重的考验。

4. 犯罪前科的负面影响

实行一元制治理模式，不管多么轻微的盗窃行为，一旦被

---

[1] 参见游伟、谢锡美："犯罪化原则与我国的'严打'政策"，载《政治与法律》2003年第1期。

[2] 参见［日］西原春夫著，顾肖荣、陆一心、谈春兰译：《刑法的根基与哲学》，上海三联书店1991年版，第46页。

[3] 何荣功：《自由秩序与自由刑法理论》，北京大学出版社2013年版，第41页。

认定为犯罪，按照我国当前的法律规定，公安机关都会将犯罪前科记录在行为人的个人信息上，并且一直存在，不能消除。犯罪前科会直接影响行为人的升学和就业，当前我国对于犯罪人员再社会化的措施不够完善，对有犯罪记录的人普遍存在偏见，诸多行业在招录人员时都需要公安机关开具无犯罪记录证明，国家也有近30部法律法规对有犯罪前科者规定了行业禁入制度。在这种现实下，即便是犯轻微盗窃罪的人也会一生背负犯罪前科，增加诸多附随的不利后果。在二元制治理模式下，轻微的盗窃行为被认定为治安案件，不存在犯罪记录这一情形，对于行为人而言，即便治安管理处罚结果更重一些，也比认定为犯罪更有利。

二、二元制治理模式的利与弊

（一）二元制治理模式的优点

1. 提高处置效率，节省司法资源

在二元制治理模式下，大量的盗窃行为划为治安案件，由公安机关单独认定并作出处理，减少了检察机关和法院对案件的介入，省去了较为漫长的刑事诉讼程序，可以使案件快速了结，终止案件的不确定状态，仅从处置效率而言，有明显的优势。处置程序的简化可以节省检察机关和法院这两个环节的司法资源，降低相当部分司法成本。对于我国这样一个大国而言，每年200多万例的盗窃治安案件，如果不纳入司法程序，仅由公安机关单独处置，可以减少后续的开支，节省可观的司法资源。

2. 符合我国传统的法制观念

我国传统上把犯罪看作一种恶害，对犯罪人也是歧视有加，相应的，刑罚也比较严厉。为了达到法不责众的目的，立法者往往对犯罪的外延进行某种程度的限制，使犯罪控制在一个较小的范围内。传统的犯罪观历经数千年的发展变迁，一直存续至今。新中国成立后，虽然我们废弃了以前的法统，传统的法制观念却延续下来，即犯罪是一种令人不齿的、严重危害社会的行为，刑罚是用来惩治和打击犯罪的手段。为了防止打击面的不当扩大，刑法通过限制性立法规范对犯罪圈进行了限制，同时治安管理处罚法与刑法进行衔接，将诸多危害社会且在国外大多被认为是犯罪的行为归入治安管理处罚法的规制范畴。国家往往坚持集中有限力量对付社会重大犯罪行为，轻微的危害行为没必要适用刑法；一般公民也认为受到治安管理处罚不是多么严重的事情，而如果构成犯罪的话，性质就完全不同了。这种心态下，二元制治理模式被普遍认为合情合理，这实际上是法不责众的传统犯罪观在新社会形态下的延续。

（二）二元制治理模式的缺点

1979年《刑法》施行后，我国对盗窃罪一直实行行政违法和刑事犯罪的二元制治理模式。在该模式下，长期坚持的是"严打"刑事政策，一直到2004年宽严相济刑事政策的提出。通过对国家公布的盗窃罪相关数据进行分析，我们可以发现盗窃罪二元制治理模式存在下述缺点。

1. 呈现一定的人为调控色彩

在二元制治理模式下，盗窃数额是入罪与否的关键因素，因此，在一定时期，国家会因需要而调整入罪标准，从而使盗窃罪呈现出一定的人为调控色彩。1982年的盗窃刑事案件为609 481起，犯罪总数为748 476起，1984年的盗窃刑事案件为395 319起，犯罪总数为514 369起，盗窃刑事案件数量下降了214 162起，犯罪总数下降了234 107起，在下降的犯罪总数中，盗窃刑事案件所占比重为91.5%，似乎盗窃刑事案件数量和犯罪总数都明显下降了。然而，有个因素值得关注，1983年以前，盗窃罪的立案标准是公安部于 1979 年确定的城市 25 元、农村 15 元，1984 年 8 月，公安部率先将盗窃罪的立案标准提高到城市 80 元、农村 40 元，紧接着，最高人民法院、最高人民检察院于同年 11 月又将盗窃罪的立案标准提高到不分城乡，均为 200 元。若将 1979 年公安部标准加权平均，盗窃罪的立案标准为 20 元，公安部上调之后的立案标准加权平均为 60 元，是 1979 年的 3 倍，而最高人民法院、最高人民检察院将标准调整为 200 元，是 1979 年的 10 倍。也就是说，原来大量的盗窃刑事案件因为 1984 年公安部和最高人民法院、最高人民检察院先后提高立案标准而转为盗窃治安案件。所以，1983 年至 1986 年期间盗窃刑事案件立案数量的下降，尽管不能完全否定当时刑事政策的功效，但立案标准的大幅上调同样是一个不可忽视的因素。因为盗窃罪在犯罪总数中占比最大，盗窃刑事案件立案数量的下降，直接导致了犯罪总量的明显下降。当然，靠调整立案标准并不能有效控制盗窃罪的发展，1986 年以后盗窃刑事案件立案数量的迅速反弹就是例证。1987 年盗窃刑事案件的立案数量经历小幅上涨后，1988 年开始迅速增长，1989 年盗窃刑事案件立案总量由前一年的 658 683 起上升到 1 673 222 起，盗窃罪的犯罪率也由 5.93 起/万人上升到 14.85 起/万人，两项指标的增长率分别为 154.03%、150.42%。

为了应对盗窃刑事案件的增长势头，最高人民法院、最高人民检察院于 1992 年再次提高盗窃罪的立案标准，由原来的 200 元提高到 300—600 元。此举作用非常明显，从 1991 年到 1992 年，盗窃刑事案件立案数量由 1 922 506 起下降到 1 142 556 起，下降了 779 950 起，下降率为 40.57%；盗窃罪的犯罪率由 16.60 起/万人下降到 9.75 起/万人；犯罪总数由 2 365 709 起下降到 1 582 659 起，下降了 783 050 起，下降率为 33.1%，在下降的犯罪总数中，盗窃刑事案件所占比重为 99.6%。同时，盗窃治安案件的立案数量却由 1991 年的 543 995 起增加到 1992 年的 888 278 起，增加了 344 283 件，增长率为 63.29%，违法率由 4.70 起/万人上升到 7.58 起/万人。1992 年到 1993 年，盗窃刑事案件减少了 20 451 起，而盗窃治安案件增加了 136 557 起。这说明，盗窃罪的高发态势依然没有得到有效的控制，盗窃刑事案件数量的下降，主要归因于其立案标准的上调，使得一部分盗窃刑事案件转化为盗窃治安案件。

1992 年盗窃罪的立案标准提高以后，一直到 1996 年，盗窃刑事案件的年均立案数量相对稳定在 110 多万件的高位上，可见社会治安形势依然比较严峻。基于此，1997 年 11 月 4 日，最高人民法院将盗窃罪的立案标准由之前的 300—600 元上调到 500—2000 元，但这次立案标准上调并没能有效阻止盗窃刑事案件立案数量的增长。2000 年，盗窃案件数量又迅速增长，盗窃刑事案件和盗窃治安案件的立案数量比上年分别增长 64% 和 41.63%，2001 年分别增长 23.2% 和 24.92%。尽管 2002 年盗窃刑事案件的立案数量略有下降，但很快就出现了增长的势头，盗窃治安案件也持续明显增长。

可见，在 2004 年宽严相济刑事政策实施以前，我国对盗窃罪的治理方式主要靠当时的刑事政策和上调盗窃罪的立案标准。有时这两种方式是合并使用的，例如 1984 年和 1997 年上调盗窃罪的立案标准就是在当时相应的刑事政策下进行的，这两次调整盗窃罪的立案标准在表面上降低了盗窃刑事案件的立案数量，凸显了当时的刑事政策的成效。有时，上调盗窃罪的立案标准是单独适用的，例如，1992 年、2013 年，面对盗窃刑事案件立案数量快速增长的情况，就单独调整了盗窃罪的立案标准。单独调整盗窃罪的立案标准，直接结果是盗窃刑事案件立案数量明显下降，但盗窃治安案件数量上升；单独依靠刑事政策而不调整立案标准，对盗窃刑事案件立案数量的影响则极为有限。由此可见，更能影响盗窃刑事案件立案数量的不是刑事政策，而是立案标准的上调。剥开形势政策功效的外衣，立案标准的上调才是控制盗窃刑事案件立案数量的"定海神针"。也就是说，在二元制治理模式下，国家可以通过上调盗窃刑事案件的立案标准，将原属于盗窃罪的案件转化成盗窃治安案件，借以实现盗窃刑事案件立案数量下降的目标。如果将盗窃刑事案件和盗窃治安案件比做两个口袋，上调立案标准就是将部分盗窃案件从一个口袋拿出，放入另一个口袋，然后国家主要将盗窃刑事案件口袋中的案件数量作为衡量社会治安状况好坏的重要参考指标和宣传对象，而较少将这两个口袋中案件的整体数量一并作为治理的考量结果。这样，给人的感觉是盗窃刑事案件立案数量下降了，国家对社会的治理出现了好转。但如果将两个口袋相加，盗窃案件总量实际上并没有从根本上得到控制。本来，盗窃刑事案件立案数量是显示我国社会治安状况的一个符号，但是，在二元制治理模式下，这个数字在一定程度上成了掩饰盗窃罪治理实况、凸显国家治理功效的工具。立案标准的上调除了在表面上减少盗窃的犯罪数量外，并不能给盗窃罪的治理带来任何实质意义上的效用。因此，二元制的治理模式被赋予了更多的政治色彩。

2. 影响盗窃罪刑事政策的制定和运行

从刑事政策制定的宏观层面而言，在二元制治理模式下，盗窃罪仅包含了数额较大的盗窃行为，表现出犯罪圈小但危害性大的特点。对盗窃罪刑事政策的理解往往停留在狭义的层次上，这种狭隘的理念阻碍了我国刑事政策研究的发展与兴旺，也不利于我国刑事政策科学、合理地制定与施行。[1]从刑事政策制定的具体层面而言，盗窃罪刑事政策的制定必须依赖于全面、真实、标准一致的犯罪统计数据，盗窃刑事案件的立案数量、盗窃类型、危害结果、行为人状况等因素都需要客观、真实、连续反映，因为这些数据是制定刑事政策的依据或检验刑事政策的参照。[2]在二元制治理模式下，盗窃罪立案标准成为划分盗窃刑事案件和盗窃治安案件的客观依据，立案标准的不断上调，人为引起盗窃刑事案件和盗窃治安案件立案数量的变化，破坏了盗窃刑事案件立案数量比较基础的一致性和连续性，丧失了犯罪数据比较的客观性和科学性。决策者在盗窃刑事案件数量失真的基础上难以作出精准的判断，制定出的刑事政策就可能偏离客观实际。而刑事政策一旦制定出来，在贯彻过程中，又会通过上调立案标准来减少盗窃刑事案件的立案数量，以证明刑事政策的科学性和可行性，由此形成一种自我证明的恶性循环。虽然2004年国家提出了宽严相济的新刑事政策，但是，在二元制治理模式下，上调盗窃罪立案标准的做法并没有因此而终止，2013年最高人民法院、最高人民检察院将盗窃罪"数额较大"的立案标准提高到1000—3000元。盗窃罪立案标准的不断上调，使刑事政策难有一个长期客观、连续的可比基准，最终将会影响刑事政策的科学制定和有效运行。

3. 导致警察权侵蚀司法权

自近代警察制度诞生以来，根据警察权使用的程度以及对警察权的限制，大致可将国家分为警察国家、法治国家与福利国家三种类型。所谓警察国家又称行政国家，它强调"国家本

---

[1] 参见［法］米海依尔·戴尔玛斯-马蒂著，卢建平译：《刑事政策的主要体系》，法律出版社2000年版，译序第2页。

[2] 参见卢建平："刑事政策学的基本问题"，载《法学》2004年第2期。

位"为特征，国家至上，行政权力高度集中；对国民而言，是以"义务本位"为特征，个人的权利被忽略或被蔑视。法治国家的核心就是要对涉及公民生命、自由及财产等基本权利和自由的刑事惩罚实行罪刑法定。[1]法治国家与警察国家的最大区别，就是行政权（警察权）受到法律的严格制约：一方面是立法对行政权的严格限定，另一方面是司法权对行政权的有效监督。行政的司法化，而非司法的行政化，是衡量一个国家法治水平的重要标志。[2]当前，我国正在全面推进依法治国，努力推进国家治理体系和治理能力现代化，但在很多方面还需要改进，相对于司法权而言，警察权明显过于强大，二元制治理模式下公安机关对年均近95%的盗窃刑事案件和所有的盗窃治安案件拥有的排他性处置权就是一个例证。从权属性质上划分，警察权属于行政权，而法院的审判权属于司法权，这是两种性质不同的国家权力。警察权以管理为本质内容，是管理权；而司法权以判断为本质内容，是判断权。[3]从我国公安机关在处置盗窃刑事案件和盗窃治安案件方面具有的强大权限可知，警察权处于过度膨胀状态。在社会治理方面，警察权的扩张实际上是以行政权代替了司法权，这会产生以下弊端：①公安机关作为行政处罚、刑事强制措施的决定者，与案件有着直接的利害关系，往往倾向于维护部门利益，难以对个人权益加以保障，即使是上级公安机关也无法对个人权益提供有效救济。②公安机关进行的各项工作都是由管理者与被管理者、处罚者与被处罚者双方构造而成的，整个过程既不存在中立的第三方的介入，

---

〔1〕 参见卢建平："论法治国家与刑事法治"，载《法学》1998年第9期。

〔2〕 参见卢建平："法国违警罪制度对我国劳教制度改革的借鉴意义"，载《清华法学》2013年第3期。

〔3〕 参见孙笑侠："司法权的本质是判断权——司法权与行政权的十大区别"，载《法学》1998年第8期。

也不受公安机关以外的其他国家权力机关的有效审查和制约。③公安机关拥有对公民个人财产、自由等基本权益的最终决定权和处置权,违背了"控审分离""司法最终裁决"等一系列法治原则。[1]法治的一大特征在于强化司法官的权力,强调行政的司法化,而非司法的行政化。[2]在我国现有的二元制治理模式下,每年平均有近95%的盗窃刑事案件由公安机关独自处理,平均有200万起以上的盗窃治安案件由公安机关进行罚款或行政拘留,司法机关没有介入的机会。尤其公安机关是在没有其他机关制约的情况下独自作出决定的,因而虽有效率,却有悖法治的基本要求。[3]可见,二元制治理模式下,存在警察权过度扩张进而侵蚀司法权的现状。[4]

4. 难以体现系统治理、科学治理的新要求

二元制治理加深了行政制裁和刑事制裁的隔阂,因为二者的性质不同,难以做到"行刑"的无缝衔接,不利于从根本上治理犯罪。行政制裁主要是对危害性较小的行为进行惩戒,教育性不足。而一般情形下,在一个人初次违法或者轻微违法时,教育改良的难度相对较小,如果这时只是简单处罚了事,并不进行严格的教育和预防,很容易恶化为更严重的犯罪。研究表明,很多严重罪犯均是先受行政处罚,从小贼演变为大盗的。如湖南的张君案,未成年时,张君就因打架被少年犯管教所管教三年,但并没有得到理想的矫正,出来后反而有恃无恐,一

---

[1] 参见陈瑞华:"司法权的性质——以刑事司法为范例的分析",载《法学研究》2000年第5期。

[2] 参见李栋:《通过司法限制权力:英格兰司法的成长与宪政的生成》,北京大学出版社2011年版,第117—129页。

[3] 参见陈兴良:"犯罪范围的合理定义",载《法学研究》2008年第3期。

[4] 参见卢建平、刘传稿:"法治语境下盗窃罪治理模式探究——基于犯罪统计的分析",载《现代法学》2017年第3期。

步步走向抢劫、故意杀人、抢劫枪支弹药等恶性犯罪的深渊。国家对危害性不大的行为设置了行政制裁，而行政制裁往往起不到预防的作用，反而纵容了行为的危害性一步步增加，导致行为人走向更严重的犯罪。但刑事制裁只能被迫等到行为符合犯罪时才能启动，这就错过了最佳的矫正教育时机。2015年5月30日，习近平在主持公共安全体系进行第二十三次集体学习时强调：要切实抓好社会治安综合治理，坚持系统治理、依法治理、综合治理、源头治理。二元制模式下，由于行政制裁和刑事制裁的相对独立，缺乏有效衔接，难以实现源头治理和系统治理。

三、小结

二元制治理模式的诸多弊端，主要源于警察权使用过度，又缺乏相应的制约，最终导致公民权利得不到充分保障。一元制治理模式下，警察权仅在整个司法诉讼程序的侦查阶段发挥作用，对于每个刑事案件，公、检、法都会参与其中，既分工配合，又相互制约。二元制治理模式下，对于所有的治安案件，从受理到最终做出处罚全部由公安机关自己处置，排除了司法机关介入的机会，缺乏相应的制约。可见，在二元制治理模式下，公安机关拥有更大的权力。在我国，警察权的强大不仅在于此，即便是在盗窃刑事案件中，公安机关也有着其他司法机关所不及的权力。这一点通过比较公安机关立案的盗窃刑事案件和一审法院受理的盗窃刑事案件数量即可发现。根据前述数据可知，从1981年至2018年，公安机关立案的盗窃刑事案件数量年均为2 347 285起。笔者另搜集了1992年、2001年至2010年一审法院受理的盗窃刑事案件数量，具体信息见表5。

**表 5　公安机关立案的盗窃刑事案件和一审法院
受理的盗窃刑事案件数量比较**[1]

年份	盗窃刑事案件立案数量（起）	一审法院受理盗窃案件数量（起）	受理数量占立案数量比重
1992	1 142 556	141 164	12.36%
2001	2 924 512	190 311	6.51%
2003	2 940 598	193 599	6.58%
2004	3 212 822	199 434	6.21%
2005	3 158 763	178 691	5.66%
2006	3 143 863	180 459	5.74%
2007	3 268 670	189 769	5.81%
2008	3 399 600	202 475	5.96%
2009	3 888 579	186 940	4.81%
2010	4 228 369	178 230	4.22%

在已搜集的数据中，以 2003 年至 2010 年一审法院受理的盗窃刑事案件数量为例，一审法院受理的盗窃刑事案件只有年均 188 700 起，而这期间，公安机关的盗窃刑事案件年均立案数量为 3 405 158 起，一审法院盗窃刑事案件年均受理数量仅占公安机关盗窃刑事案件年均立案数量的 5.54%。也就是说，在此期间，每年有 94.46% 的盗窃刑事案件没有起诉到法院。造成这一现象的原因主要有以下几方面：第一，不同的阶段不同的标准。例如，根据我国 2018 年修正的《刑事诉讼法》第 109 条的规定，公安机关或者人民检察院的立案标准是发现犯罪事实或者

---

[1] 本表中一审法院受理盗窃罪数来源于相应年份《中国法律年鉴》中的"审判工作"内容部分。

犯罪嫌疑人。而第 176 条规定，人民检察院的起诉标准是犯罪事实已经查清，证据确实充分。这会导致一部分公安机关立案的刑事案件达不到检察机关的起诉标准而不能进入诉讼程序。第二，破案率偏低。大部分盗窃刑事案件取证比较困难，致使公安机关立案以后难以顺利侦查，也就不能进入司法程序。以 2014 年为例，盗窃刑事案件立案 440 多万件，而法院审判的盗窃刑事案件仅 21.6 万件，公安机关立案的约 95% 的盗窃案件在中途消失了。如果加上犯罪黑数的话，破案率会更低。第三，诉讼程序的变革。近些年来，我国贯彻宽严相济的刑事政策，建立了刑事和解制度，特别是 2018 年修正的《刑事诉讼法》确立了简易程序、速裁程序和认罪认罚从宽制度，部分盗窃刑事案件在公安机关、检察机关已得到处理。根据我国现有的诉讼模式，检察机关不起诉的比例相对较低。以 2007 年至 2010 年为例，这 4 年公安机关的立案总数为 21 242 284 起，而提请批准逮捕的案件总数为 2 031 867 起，其中批准逮捕 1 825 337 起，[1] 检察机关的批准逮捕率为 89.84%，而公安机关的提请批捕率仅为 9.57%。可见，公安机关立案的刑事案件 90% 以上没有提请检察机关批捕，从该比率及表 5 中的数据可以推断出盗窃刑事案件的提请批捕率也大概如此。也就是说，公安机关将 90% 以上的盗窃刑事案件控制在了本系统，没有使之进入诉讼程序，这其中的原因以及这些案件最终如何处置，均不得而知。但可以明确的是，这些案件均由公安机关自己决定，司法权没有介入的机会。在具体操作层面，盗窃刑事案件在公安机关立案以后如果不能侦破，则长时间滞留在公安系统。此外，公安机关对

---

[1] 参见陈建强：" 不批捕复议复核制度的问题及完善对策——以 2007 至 2009 年全国公安机关不服人民检察院不批准逮捕决定要求复议复核案件为分析样本 "，载《天津法学》2011 年第 2 期。

所有盗窃治安案件具有最终处置权,也排除了司法权的适用。在盗窃刑事案件和盗窃治安案件中,警察权之大,司法权之小,可见一斑。二元制和一元制的背后实际是警察权和司法权此消彼长的竞合关系,如果犯罪的治理主要依赖于警察权,则选择二元制;如果主要依靠司法权,则应选择一元制。

第三节 盗窃罪治理模式的一元制选取与释疑

一、一元制治理模式的选取

在一元制治理模式下,对于犯罪的认定实际上是立法定性司法定量的模式;而在二元制治理模式下,是立法定性加定量的模式。目前,对于我国盗窃罪是坚持现行的二元制治理模式,还是改弦易张,确立一元制治理模式,一直存在不同的观点,兹梳理如下:①二元制治理模式支持说。该说认为,我国应当坚持现有立法定性加定量的定罪模式。例如,北京大学储槐植教授认为,立法定性加定量的定罪模式是我国传统治国经验"法不责众"的现代模板,实际起着刑法谦抑性的制度保障作用。传统的法文化与现实的冲突决定了在我国刑法中,定量的犯罪概念应该有一席之地,但其范围应该受到严格限制。[1]中国社会科学院屈学武研究员也认为,定罪模式的选择,应当考虑与本国的政治经济发展现状相适应,我国刑法原则上应保留现行的既定性又定量的定罪模式,但对某些事关社会公众生命、健康安全的抽象危险犯可设例外。[2]云南大学高巍教授认为,盗

---

[1] 参见储槐植、汪永乐:"再论我国刑法中犯罪概念的定量因素",载《法学研究》2000年第2期。
[2] 参见屈学武:"中国刑法上的罪量要素存废评析",载《政治与法律》2013年第1期。

窃罪设置入罪数额标准符合我国司法资源与行政资源的分布现实。我国控制社会治安和秩序的主要资源集中在行政机关，对于违法行为的惩罚而言，以公安机关为代表的行政机关拥有较大的自主处罚和裁量权，其具有较强的执行能力，且在程序上较诸多刑事审判程序而言，治安管理处罚的程序较为简单。因此，对于轻微的法益侵害行为或者说尚不严重的社会危害行为，运用行政措施进行规制或惩罚，更具有便利性和收益性，也符合我国行政机关的资源占有现实。[1] 国外也有学者从刑法谦抑性的角度展开论述，如德国刑法学者罗克辛教授认为，法益保护并不会仅仅通过刑法得到实现，而必须通过全部法律制度的手段才能发挥作用。在全部手段中，刑法甚至只是应当最后予以考虑的保护手段，也就是说，只有在其他解决社会问题的手段——例如民事起诉、警察或者工商管理规定、非刑事惩罚等——不起作用的情况下，它才能被使用。[2] ②一元制治理模式支持说。该说认为，应当废除我国行政处罚与刑事处罚并存的二元制治理方式，将刑法定性加定量的定罪模式改为刑法定性司法定量的定罪模式。例如，中国社会科学院刘仁文研究员认为，我国立法定性加定量的立法方式将行为分为违法与犯罪，严重影响了刑法结构的科学性，应当将治安管理处罚、保安处分措施一并纳入刑法，分别由违警罪、轻罪、重罪和保安处分等几块内容组成，形成一部综合型的刑法。吉林大学李洁教授也认为，在整个法体系的设定过程中，刑事犯罪与一般违法之界限，应该以行为性质而不是行为程度进行划分，这样才可以

---

[1] 参见高巍：《盗窃罪基本问题研究》，中国人民公安大学出版社 2011 年版，第 145 页。

[2] 参见［德］罗克辛著，王世洲译：《德国刑法学总论》（第 1 卷），法律出版社 2005 年版，第 23 页。

保持规则的明确性，达到立法语言的准确性，符合罪刑法定原则，有利于实现法治的理想，而不至于形成司法与行政执法机关的管辖冲突。[1]

从前述不同治理模式的优缺点可见，二元制治理是警察权主导下的治理模式，是警察权扩张、司法权限缩的表现；一元制治理是司法权主导下的治理模式，是警察权被妥当限制、司法权依法独立行使的表现。依法治国背景下，对于犯罪的治理，应当坚持司法权优先，且司法权不受其他权力的不当干涉。盗窃罪的一元制治理模式，较之当前的二元制治理模式具有相对优势，应该成为治理盗窃罪的优选路径。

二、一元制治理模式释疑

一元制治理模式可以避免因特定目的而人为操纵盗窃案件的统计数据，使这些数据能真实反映社会的治安状况，成为国家制定刑事政策和治理犯罪的客观有效依据，提升司法权的地位，进而将盗窃犯罪的治理纳入法治轨道。当然，盗窃罪二元制治理模式在我国存续已久，现在改弦易张，推行一元化的治理模式，自然会引发各种质疑和反对，有必要预先回应。

（一）一元制治理模式不会导致犯罪数量的激增和犯罪率的上升

有观点认为，目前我国的二元制治理模式有其自身的正面效应：可以减少犯罪数量，降低犯罪率；可以使刑事司法力量集中打击那些事关国家稳固、社会发展以及公民生命与财产安全的犯罪活动，避免把有限的刑事司法资源消耗在对付那些社

---

[1] 参见李洁："中日刑事违法行为类型与其他违法行为类型关系之比较研究"，载《环球法律评论》2003年第3期。

会危害性不大的一般违法行为上，从而使刑事司法发挥最佳效能。[1]还有观点认为，重刑主义是我国刑法传统，重刑决定了刑法的打击面不能太宽泛，把没有达到一定"数量界限"的危害行为排除在犯罪圈之外。[2]因此，不宜大幅降低犯罪门槛，更不能把盗窃治安案件转化为犯罪，否则从量和质上都会产生问题。从量的方面来讲，实行一元制治理模式，取消盗窃治安案件，都以犯罪论处，会使盗窃刑事案件数量激增，使人们产生犯罪问题极其严重、社会治安恶化的错觉，不利于社会的发展。从质的方面而言，将盗窃治安案件全部入刑，使原本轻微的治安案件成为犯罪，不仅会引发刑法理论对犯罪概念的重塑，也会颠覆我国传统观念对犯罪是严重破坏秩序行为的认识，带来巨大的挑战。

笔者认为，建立一元制治理模式，将盗窃治安案件全部转化为盗窃刑事案件，当然会给我国刑法带来一系列的变革和挑战，但这并不代表一元制治理模式不可行。将行政违法和刑事违法并存的二元制治理模式转化为一元制治理模式，会不会出现盗窃刑事案件数量急速增加的现象呢？本书通过下述数据予以说明。

首先分析1986年至2019年我国公安机关立案的盗窃刑事案件和发现受理的盗窃治安案件的总量以及各自所占的比例，数据如表6所示。

---

[1] 参见储槐植、汪永乐："再论我国刑法中犯罪概念的定量因素"，载《法学研究》2000年第2期。

[2] 参见张勇："犯罪定量刑法模式的比较与选择"，载《河北法学》2006年第5期。

表6　1986年至2019年盗窃刑事案件与盗窃治安案件对比

年份	盗窃刑事案件（起）	盗窃治安案件（起）	盗窃案件总量（起）	盗窃刑事案件占比	盗窃治安案件占比
1986	425 845	360 708	786 553	54.14%	45.86%
1987	435 235	365 538	800 773	54.35%	45.65%
1988	658 683	424 899	1 083 582	60.79%	39.21%
1989	1 673 222	512 091	2 185 313	76.57%	23.43%
1990	1 860 793	517 623	2 378 416	78.24%	21.76%
1991	1 922 506	543 995	2 466 501	77.94%	22.06%
1992	1 142 556	888 278	2 030 834	56.26%	43.74%
1993	1 122 105	1 024 835	2 146 940	52.27%	47.73%
1994	1 133 682	928 375	2 062 057	54.98%	45.02%
1995	1 132 789	729 707	1 862 496	60.82%	39.18%
1996	1 043 982	620 202	1 664 184	62.73%	37.27%
1997	1 058 110	515 110	1 573 220	67.26%	32.74%
1998	1 296 988	528 818	1 825 806	71.04%	28.96%
1999	1 447 390	517 277	1 964 667	73.67%	26.33%
2000	2 373 696	732 633	3 106 329	76.41%	23.59%
2001	2 924 512	915 240	3 839 752	76.16%	23.84%
2002	2 861 727	1 001 965	3 863 692	74.07%	25.93%
2003	2 940 598	1 066 740	4 007 338	73.38%	26.62%
2004	3 212 822	1 259 087	4 471 909	71.84%	28.16%
2005	3 158 763	1 513 770	4 672 533	67.6%	32.4%
2006	3 143 863	1 763 377	4 907 240	64.07%	35.93%
2007	3 268 670	2 025 560	5 294 230	61.74%	38.26%

续表

年份	盗窃刑事案件（起）	盗窃治安案件（起）	盗窃案件总量（起）	盗窃刑事案件占比	盗窃治安案件占比
2008	3 399 600	2 022 238	5 421 838	62.7%	37.3%
2009	3 888 579	2 030 135	5 918 714	65.7%	34.3%
2010	4 228 369	1 994 257	6 222 626	67.95%	32.05%
2011	4 259 482	2 081 986	6 341 468	67.17%	32.83%
2012	4 284 670	2 052 861	6 337 531	67.61%	32.39%
2013	4 506 414	2 161 720	6 668 134	67.58%	32.42%
2014	4 435 984	2 326 509	6 762 493	65.6%	34.4%
2015	4 875 561	2 343 731	7 219 292	67.54%	32.46%
2016	4 304 321	2 285 424	6 589 745	65.32%	34.68%
2017	3 459 742	2 151 885	5 611 627	61.65%	38.35%
2018	2 786 804	2 112 070	4 898 874	56.89%	43.11%
2019	2 258 236	2 297 074	4 555 310	49.57%	50.43%
总量	86 926 299	44 615 718	131 542 017	66.08%	33.92%

从上表可知，盗窃刑事案件和盗窃治安案件的立案数量整体上都呈增长趋势，但盗窃刑事案件的增长速度更快。从二者在盗窃案件总量中的占比分析，盗窃治安案件占比总体上呈下降趋势。从1986年至2019年，盗窃案件总量为131 542 017起，其中，盗窃刑事案件为86 926 299件，占66.08%；盗窃治安案件为44 615 718起，占33.92%。由此可知，盗窃刑事案件约占盗窃案件总量的2/3，而盗窃治安案件约占盗窃案件总量的1/3，将盗窃治安案件全部转化为盗窃刑事案件，盗窃罪的犯罪总量会增加，但并不会出现有些人所想的那种迅猛增长，而是尚处于司法可承受的范围之内——当然，这会影响刑事犯罪总体的

破案率。

其次,通过与其他国家数据的横向比较,探究我国盗窃罪犯罪率的水平。本书选取了若干个在世界上具有代表性或者对中国影响较大的国家。因为不同国家的人口数量有异,单纯犯罪数量不具有可比性,只有将犯罪数量和人口数量的比值(即犯罪率)进行比较,才能够发现犯罪数量在一个国家的真实水平。需要特别说明的是,表中的中国盗窃罪犯罪率已然包括了盗窃刑事案件和盗窃治安案件,并非仅指现有盗窃刑事案件的犯罪率,实际上应该是指盗窃违法犯罪率。刑法总则"但书"条款和分则中数额较大的入罪标准形成了盗窃案件的二元架构,在这一机制下,我国的盗窃治安案件其实相当于外国的轻罪或微罪案件。

表7 2003年至2012年中国和其他部分国家盗窃罪犯罪率比较

(单位:起/万人)

年份	中国	美国	加拿大	澳大利亚	德国	日本	法国	俄罗斯
2003	31.01	239.92	227.92	312.75	296.28	-	137.97	79.43
2004	34.4	234.77	216.51	271.42	287.43	83.71	137.4	88.7
2005	35.73	227.51	203.36	252.59	266.53	72.71	135.9	109.29
2006	37.33	220.19	194.69	248.61	253.65	63.81	133.05	116.69
2007	40.07	216.98	181.14	231.54	248.19	58.47	123.94	109.08
2008	40.83	214.77	170.73	229.64	236.7	56.27	120.07	92.31
2009	44.35	204.79	170.34	217.27	226.17	51.31	119.82	82.72
2010	46.41	198.71	159.16	207.79	220.83	48.06	120.96	77.17
2011	47.07	195.33	148.75	215.5	231.52	45.3	124.19	72.41
2012	46.8	193.72	147.03	217.15	228.85	42.52	124.69	-

上表中各个国家的犯罪率在图中反映如下：

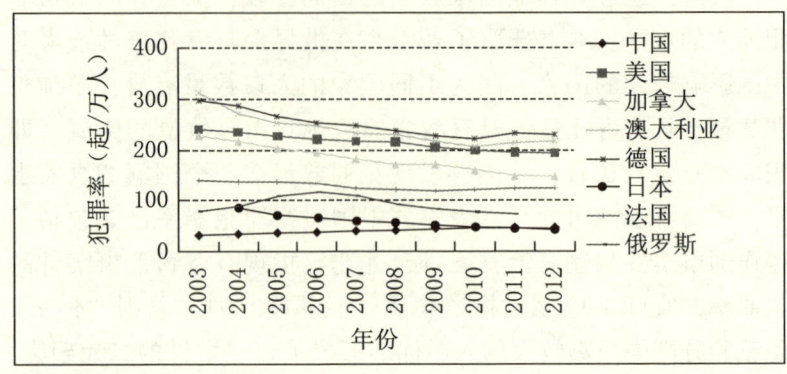

图3　2003年至2012年中国和其他部分国家盗窃罪犯罪率比较[1]

通过比较可以发现，即便将我国盗窃治安案件全部纳入盗窃罪的范围，实行一元制治理模式，我国仍属于低犯罪率的国家，如果将盗窃治安案件排除在外，我国盗窃罪的犯罪率会更低。自2003年至2012年，我国盗窃罪年平均犯罪率为40.4起/万人，美国、加拿大、澳大利亚、德国的盗窃罪年平均犯罪率分别为214.67起/万人、181.96、240起/万人.43、249.61起/万人。即便是社会治安良好、犯罪治理比较成功的日本，年平均犯罪率仍为52.22起/万人，明显高于中国。所以，虽然我国盗窃案件总数看起来比较多，但因为我国人口基数大，犯罪率并不高。所以，实行一元制治理模式不会导致犯罪率明显上升。

（二）一元制治理模式不会导致司法资源短缺

有观点认为，我国现有法官数量有限，在司法实践中已经

---

[1] 数据来源：中国违法犯罪率的数据来源于历年的《中国法律年鉴》，境外的数据来源于联合国毒品与犯罪办公室，http://www.unodc.org/unodc/en/data-and-analysis/statistics/data.html，访问日期：2016年1月5日。

出现了人员短缺的窘境，实行一元制治理模式会导致盗窃刑事案件数量激增，使司法资源短缺加剧。实际情况是否如此呢？本书结合中国与部分国家盗窃案件与法官数量信息，从法官的数量、法官年审盗窃案件的数量以及法官占总人口的比率等角度进行比较分析。以2010年的盗窃案件及相关信息为例，统计信息见表8。

表8 2010年中国与部分国家盗窃案件与法官数量信息[1]

国家	盗窃案件总数（起）	法官人数（人）	审案比（每名法官年审盗窃案件数）	法官比率（每10万人拥有法官数）
中国	178 230	192 732	0.92	14.17
美国	6 204 601	32 518	190.81	10.41
俄罗斯	1 108 369	28 515	38.87	19.85
澳大利亚	465 547	1 041	447.21	4.65
德国	1 833 293	20 411	89.82	24.59
日本	612 115	3 611	169.51	2.84
法国	764 864	8 619	88.74	13.63

我国盗窃案件总数并不大，并且我国法官的数量最多。我国平均每名法官年审盗窃案件数量仅为0.92起，在上表所列国家中属于案件审判数量最少的。相比之下，美国法官每年审理的盗窃案件数量是我国的207.4倍，日本是我国的184.25倍。退一步讲，假设将我国2010年公安机关立案的全部盗窃刑事案

---

[1] 数据来源：同图3。中国的盗窃案件总数仍然包括盗窃刑事案件和盗窃治安案件；关于中国的法官比率，根据联合国毒品与犯罪办公室的数据为14.17，根据我国法律年鉴及统计年鉴的数字为14.37，略有差别，本书采联合国毒品与犯罪办公室的数据。

件 4 228 369 起和受理的全部盗窃治安案件 1 994 257 起（两者共计 6 222 626 起）都起诉至法院，由法官审理的话，每名法官年审盗窃刑事案件数为 32.29 起，美国是我国的 5.91 倍，日本是我国的 5.25 倍，我国审案比仍然是最低的。再看法官比率，我国每 10 万人拥有法官数量为 14.17 人，仅低于德国和俄罗斯，远高于日本、澳大利亚等国家，也明显高于美国。由此可见，我国的人均法官数量高于世界上主要发达国家，法官每年审判盗窃案件的数量更是明显少于其他国家。由此可以证明，将盗窃治安案件转化成犯罪，实行一元制治理模式，不会导致司法资源匮乏。至于说法官人员缺乏，审案压力大，恐怕和我国法院高度行政化，部分审判人员实际不参与审判有关，而非因为刑事案件数量过多导致的，这也是我国正在探索推进司法体制改革的原因之一。

通过我国盗窃刑事案件与盗窃治安案件的比较可以发现，将盗窃治安案件全部转化为盗窃刑事案件不会导致犯罪总量急剧膨胀；从与其他国家犯罪率的横向比较可知，即便将盗窃治安案件全部转化为盗窃刑事案件，与其他国家相比，我国仍然属于低犯罪率的国家；将盗窃治安案件全部转化为盗窃刑事案件也不会使司法资源严重短缺，法官年审盗窃案件的数量仍在正常范围内。所以，那种认为实行盗窃罪一元制治理模式将会使我国刑事案件大幅增加、导致司法资源短缺的观点与客观事实不符，盗窃罪一元制治理模式在客观上具有可行性。

（三）一元制治理模式不会导致治理成本过高

一般而言，在衡量盗窃犯罪的治理成本时，要考虑司法成本和社会成本，而这两者的位阶在不同的社会发展阶段是不一样的。新中国成立初期，为了一时之需，打击犯罪时可以不计成本或者只讲究司法成本，而在稳定发展时期，我们更应该考量犯罪治理的社会成本。若仅从经济角度出发,二元制治理模式下,盗窃治安案件由公安机关单独处置,无须经过诉讼程序,自然会节约一部分司法成本。但二元制治理模式是与新中国成立初期的国情相适应的,并没有充分考虑社会成本。在全面推进依法治国的今天,我们除了考虑司法成本外,更应该关注犯罪治理的社会成本,在追求法律效果的同时,还要追求社会效果和政治效果。如果只关注司法成本而置社会成本于不顾,等于颠倒主次、舍本逐末。社会成本应当包括案件的公平正义、人权司法保障等,而这些内容只有在一元制治理模式下才可以实现。

能否实现案件的公平正义是衡量社会成本高低的重要因素。习近平同志在十八届三中全会上提出:深化司法体制改革,加快建设公正高效权威的社会主义司法制度,维护人民权益,让人民群众在每一个司法案件中都感受到公平正义。对于正义而言,"如果我们并不试图给出一个全面的定义,那么我们就有可能指出,满足个人的合理需要和主张,并与此同时促进生产进步和提高社会内聚性的程度——这是维续文明的社会生活所必需的——就是正义的目标"。[1]也就是说,我们要建设的司法制度,必然要维护当事人的合法权益,能够实现个案的公平正义。司法公正是法的自身要求,也是依法治国的要求,其基本内涵是要在司法活动的过程和结果中体现公平、平等、正当、正义的精神。[2]司法公正可以分为程序公正、实体公正和制度公正,其中,程序公正是保障,实体公正是目标,制度公正是根本。为了实现实体公正的目标,在司法制度方面,必须让司法走向

---

[1] [德] E. 博登海默著,邓正来译:《法理学:法律哲学与法律方法》,中国政法大学出版社 2017 年版,第 265 页。

[2] 何家弘:"司法公正论",载《中国法学》1999 年第 2 期。

中立与独立，实现司法一元化；[1]在司法程序方面，纠纷的解决者不得是案件的当事人，案件只能交由中立性的法官裁决，案件的裁决在不同机关相互配合和制约下完成。让人民群众能够亲身感受到执法和司法的公正，才有助于增加他们的公平正义感。[2]实现了公平正义，个案的处置结果得到了群众的认可，也是法治理念下对民意的敬畏与尊重。一元制治理模式下，盗窃罪纳入诉讼程序，最终由中立的司法机关进行裁决，当事人的权利都能够有法律的保障，相比二元制的治理模式，能更大限度地实现公平正义，从而降低社会成本。

人权保障也是社会成本的重要组成部分，不管国际还是国内，人权保障都是犯罪治理不可忽视的重要内容。联合国出台了一系列保障人权的刑事司法准则，例如，《公民权利和政治权利国际公约》第 14 条第 5 款规定："凡被判定有罪者，应有权由一个较高级法庭对其定罪及刑罚依法进行复审。"该款所保障的不仅是对于正式的严重犯罪（crime）应当给予被告人以上诉的权利，而且对于被定轻罪或者被确定有违法行为的人也要给予上诉或复审的权利。[3]此外，还有当权利或自由被侵犯后获得有效司法补救的权利，被剥夺自由的人有获得人道的、尊重其人格尊严之待遇的权利，获得独立、公正审判的权利，充分辩护的权利，公平质证的权利等。[4]在国内，2013 年 11 月 12 日，"人权的司法保障"写入中共中央《关于全面深化改革若干

---

[1] 徐显明："何谓司法公正"，载《文史哲》1999 年第 6 期。
[2] 俞可平："警务创新与治理现代化"，载《公安学刊（浙江警察学院学报）》2014 年第 5 期。
[3] 杨宇冠、杨晓春编著：《联合国刑事司法准则》，中国人民公安大学出版社 2003 年版，第 10 页。
[4] 陈果、王新清："国际刑事司法准则之于刑事人权保障"，载《学术界》2008 年第 1 期。

重大问题的决定》。这意味着,中国将充分发挥司法制度在保障人权过程中的重要作用,并建立和完善相关审判机制,即人权司法保障制度。该制度的最大特点就在于其鲜明的"司法"性。这一特点要求"人权司法保障制度"务必遵循司法活动的基本规律、遵守现代正当"司法"理念,严格区分和远离"行政化"的雾霾,顺应现代法学思维回应型司法的基本特点。[1]在二元制治理模式下,全部的盗窃治安案件和将近95%的盗窃刑事案件都由公安机关独自处置,公安机关既是案件的办理者,又是最终的裁决者,其案件处置程序的合法性主要靠内部的自我约束以及检察机关的形式监督,并不存在有效的司法监督。[2]这种看似高办案效率、低司法成本的治理模式不当扩大了警察权,排斥司法对人权的有效保障,降低了司法权威,具有高昂的社会成本。因此,建立一元制的治理模式,可以有效限制警察权,保障个案的公平正义,实现司法的人权保障,从而维护司法的权威,降低社会成本。相比有形的司法成本而言,社会成本是无形的,但它是更重要的,只有实现社会公平正义、有效保障人权的治理模式,才是以人民权利而非行政权力为导向的治理模式,也只有这样的模式才能取得良好的社会治理效果。所以,相比二元制治理模式关注司法成本而言,一元制治理模式耗费的社会成本明显要低。

(四)一元制治理模式不会影响刑法的出罪功能

实行一元制治理模式,盗窃治安案件转化成盗窃刑事案件,必然导致盗窃罪的门槛降低,会不会严重冲击我国《刑法》第

---

[1] 参见樊崇义:"从'人权保障'到'人权司法保障制度'",载《中国党政干部论坛》2014年第8期。

[2] 参见徐静村、孙长永:"中国内地犯罪嫌疑人的基本权利",载《中国法律》2000年第4期。

13条"但书"的出罪功能?关于此问题,我们可以先从比较法的视野,考察国外刑法对轻微盗窃行为的处理方式。目前,国外的出罪方式主要有两种:一种是通过实体方式出罪。在大陆法系国家,根据可罚的违法性理论,要求行为除了在形式上符合构成要件之外,还必须在量上达到值得科处刑罚的严重程度,或者由检察官根据公共利益考量或刑事政策予以排除。如日本的"一厘事件",烟农违反日本当时的烟草专卖法的规定,吸食了应该交给政府的价值1厘钱的3克烟草。对此案件,大审院认为,"零细的违反法律的行为只限于在特殊的情况下才应认为被告人具有危险性。在共同生活的观念中,只要认为没有对要求法律保护的法益造成应置于刑罚制裁之下的侵害,就没有必要根据刑罚法规对其科处刑罚制裁",从而宣告被告人无罪。[1]日本刑法学家大塚仁也认为,就盗窃罪而言,若被盗财物价值很小,就不能成为盗窃罪的对象——"财物",其根据是缺乏财物所应当具备的财产性价值,不具有可罚的违法性。[2]可见,在刑法定性司法定量的大陆法系国家,也考虑行为的社会危害程度这一量的因素,只不过是在犯罪构成中予以考量,将符合构成要件的轻微盗窃行为在违法性判断阶段予以排除。另一种方式是通过程序法出罪,即将违反刑法的轻微的不法行为进行罪质对比,若嫌疑事实极其轻微,被认为没有提起诉讼必要,则在刑事诉讼的某一阶段予以出罪化。例如,在日本,微罪一般是起诉的消极要件,检察官以此为由不起诉。《德国刑事诉讼法》第170条规定了诉讼程序(不起诉处分)的终止事由,其

---

〔1〕参见陈家林:《外国刑法通论》,中国人民公安大学出版社2009年版,第273、276页。

〔2〕参见[日]大塚仁著,冯军泽:《犯罪论的基本问题》,中国政法大学出版社1993年版,第123页。

中包括基于便宜原则之原因（微罪不举）。[1]在英美法系国家，采用犯罪本体和责任充足的双层犯罪构成模式，且盗窃罪属于本身邪恶的罪（自然犯），[2]盗窃数额不影响定罪，只影响量刑。如果行为人没有主观方面的因素，盗窃数额很难成为排除责任充足的合法辩护理由，故盗窃罪极少通过实体法出罪，一般通过起诉便宜主义予以出罪，即检察官对于那些具有犯罪的客观嫌疑，符合起诉条件的轻微危害行为，在斟酌各种情况并认为不需要起诉时，可以决定不起诉。[3]例如，美国《模范刑法典》第2条、第12条规定，在一定条件下，法官可以对微罪处以驳回起诉的处分。[4]可见，对于轻微盗窃行为的出罪可以在起诉或审判阶段进行。总之，大陆法系国家通过犯罪构成理论和程序法出罪，英美法系国家主要通过程序法对轻微盗窃行为出罪，这一点在国外已不成问题。

在我国实行一元制的治理模式，同样也会导致轻微盗窃行为的出罪化。这种出罪化可以通过刑事实体法和程序法两个方面实现。实体法方面，《刑法》第13条"但书"的范围会收缩，但是，"但书"仍然会发挥其应有的作用，对于极其轻微且没有产生较大危害后果的盗窃行为，依然可以通过"但书"的规定出罪。例如，行为人盗窃几个苹果或者一支圆珠笔的行为，即可以认定为"情节显著轻微危害不大"，而不以盗窃罪处罚。此

---

[1] 参见[德]克劳思·罗科信著，吴丽琪译：《刑事诉讼法》（第24版），法律出版社2003年版，第363—364页。

[2] 参见储槐植：《美国刑法》（第三版），北京大学出版社2005年版，第7页。

[3] 参见聂昭伟："我国犯罪一般概念的生存根据——兼论我国犯罪构成体系的完善"，载http://www.criminallawbnu.cn/criminal/info/showpage.asp? pkID＝21843，访问日期：2015年7月13日。

[4] 参见[日]松尾浩也著，丁相顺译：《日本刑事诉讼法》（上卷，新版），中国人民大学出版社2005年版，第165—167页。

外，我们还应当积极探索如何通过犯罪构成使轻微盗窃行为出罪化。相比"但书"的出罪功能，确立犯罪构成的出罪功能，会使我国的犯罪构成理论更加科学、严谨。程序法方面，我们也可以对轻微犯罪不起诉。我国《刑事诉讼法》第16条规定了不追究刑事责任的情形（法定不诉），"情节显著轻微、危害不大，不认为是犯罪"，就是其中之一，这一条对应的正是《刑法》第13条的"但书"规定。《刑事诉讼法》第177条第2款还规定，对于犯罪情节轻微、依照刑法规定不需要判处刑罚或者免除刑罚的，人民检察院可以作出不起诉决定（相对不诉），也起到了很好的出罪作用。《刑事诉讼法》的该条规定，相当于德、日刑事诉讼法中的微罪不举或不起诉处分，直接对该情形不予起诉，不再作为犯罪追究责任，实际上是将《刑法》第37条规定的部分定罪免刑的情形做了无罪化处理。[1]可见，我国《刑法》及《刑事诉讼法》可以使相当一部分轻微盗窃行为出罪化，实行一元化治理模式后，实体法和程序法的出罪功能依然能够得到发挥，轻微的、不值得处罚的盗窃行为不会被定罪。此外，现行《刑事诉讼法》已确立的简易程序、速裁程序和认罪认罚从宽制度已为轻微盗窃行为的出罪化提供了可行的路径。

第四节　一元制治理模式下犯罪圈的扩大

一元制治理模式与二元制治理模式反映的是刑法观以及犯罪圈大小的问题。随着社会的发展，犯罪不再是单纯的阶级斗

---

[1]《刑事诉讼法》第177条第2款规定的人民检察院可以做出不起诉决定，并非绝对不诉，诉与不诉应由检察机关根据具体案件的情节予以决定。如此，并不是《刑法》第37条规定的所有行为都将予以出罪化，而只是其中一部分通过不起诉出罪。

争或者严重破坏社会秩序的行为，它是社会必然存在的失范行为，是一种常态现象；刑罚不仅是打击犯罪的手段，还是社会治理的方式，其功能由单纯的惩戒逐步转向矫正、教育。在这一背景下，刑法的社会治理功能在各国被广泛利用，体现在现实中是刑法干预的社会面越来越广，犯罪圈逐步扩大。就盗窃罪而言，一元制治理模式就是将盗窃治安案件全部认定为犯罪，纳入司法程序，这势必扩大盗窃罪的犯罪圈。实行盗窃罪的一元制治理，就要进一步扩大犯罪圈，实行犯罪化。前文已就一元制存在的缺点进行了论述，有学者认为，在当前谦抑主义、自由主义思潮的影响下，世界诸多国家在推行非犯罪化，我国也应当顺应世界潮流，借鉴国外非犯罪化理论和实践，进一步限缩我国犯罪圈，实行非犯罪化。[1]笔者认为，这一观点值得商榷。源自先发国家的非犯罪化之经验教训对于正在建设法治的中国而言无疑是宝贵的镜鉴，但其意义显现可能在将来，对目前中国的犯罪治理而言却不是一剂对路的良方，因为我国当前面临的主要问题不是犯罪化过度，而是犯罪化不足，推行犯罪化，进一步扩大犯罪圈才是我国刑法发展的主要方向。

一、对非犯罪化理由的质疑

（一）国外非犯罪化实探

1. 国外非犯罪化的语境与我国迥异

不同背景、不同话语系统下生成的理论如何比较是个应该重视的问题。[2]从西方国家非犯罪化的历程来看，犯罪圈的限

---

〔1〕 参见何荣功："社会治理'过度刑法化'的法哲学批判"，载《中外法学》2015年第2期。

〔2〕 周国文：《刑罚的界限——Joel Feinberg 的"道德界限"与超越》，中国检察出版社2008年版，第21页。

缩有其特定的历史背景。18世纪末，资产阶级建立自己的统治不久，对中世纪神学思想支撑的严酷、擅断的封建刑法作出了彻底的否定。在按怎样的模式建立自己的法律制度问题上，启蒙运动时期的法学家的思想给了他们直接的理论支持。他们试图按照理想中的"法治国"模式和严格规范的罪刑法定原则来构建自己的"法制大厦"，以避免国家权力的恣意、专横；同时，为了建立自由资本主义发展、繁荣所需要的社会秩序，又在"轻罪""违警罪"等名目下竭力把一些在封建社会由行政当局处理的案件（即一些轻微的违法行为）纳入刑法调整的范围，出现了"司法管辖化"的倾向。应该说，以这种严格规范的罪刑法定原则建立起来的法律制度，确实避免了司法的擅断，促进了自由资本主义的发展、繁荣，但是，这里又存在着刑法过分涉足社会生活的弊端。国家为惩治大量危害轻微（特别是那些无被害人）的犯罪，付出了巨大的代价，而现实效果却不如人意，甚至出现了许多负面影响。一是，这类犯罪数量多，而且往往是被害人不直接甚至是无被害人的，如通奸、同性恋、赌博、吸毒、贩毒等。二是，由于这类犯罪数量大、侦破难，为了应付它们，常常需要投入大量的人力、物力和财力，这一方面造成有限的司法资源的浪费，另一方面又导致没有足够的力量应对更为严重的犯罪。三是，对这些犯罪人的惩罚，妨碍了对弱者的保护。比如，法律禁止堕胎，必然使堕胎者害怕暴露罪行而寻找"江湖郎中"，这可能造成某些传染性疾病的发生和蔓延。四是，各种新罪名和新情节的增补，导致了"刑法膨胀"，而刑法膨胀又造成了监狱的爆满，影响了改造的效果，难以实现预设的刑法目的。[1]为实现法治社会，西方国家在积极

---

[1] 游伟、谢锡美："非犯罪化思想的现实背景和理论基础"，载《犯罪研究》2002年第3期。

进行法制重建的同时,却造成了法网过于严密,人民动辄得咎,整个社会成了只有规则和秩序而忽视个人意志的铁笼,以致出现了马克斯·韦伯所说的"前景黯淡,令人沮丧"的现象。在这种社会现实之下,人们对犯罪和刑罚有了新的认识,犯罪不再被视为道德沦丧和堕落的等义词,刑罚也不再被认为是对付犯罪的唯一手段,对犯罪的心理逐渐由憎恨转向宽容。到20世纪50年代,自英国不再用刑罚处罚一些单纯违反道德的犯罪行为始,非犯罪化逐渐流行于西方国家,并形成一股强大的社会潮流。[1]

回顾西方国家非犯罪化的时代语境可知,西方国家非犯罪化主要基于以下三个方面的原因:一是,现代国家王权的式微导致弑君罪、侵害王室和王权等罪名消失;二是,社会和法律的世俗化导致亵渎圣物、辱骂宗教等罪名消失;三是,道德风俗的自由化和新的社会价值观的出现导致通奸、堕胎、同性恋等行为非犯罪化。[2]长期的犯罪化导致刑事法网过于缜密,处罚范围过于广泛,很多在我国根本不是犯罪(甚至都不是违法)的行为,它们都规定为犯罪了。[3]例如,在美国的佛罗里达州,无偿向无家可归者提供食物会面临500美元的罚款和两个月的监禁;在特拉华州,把香水或乳液当饮料来卖,最高可处以6个月监禁;在亚拉巴马州,故意自残博取同情或训练一头熊摔跤都是重罪;内华达州把制造喧闹,打扰教堂集会的行为犯罪化;田纳西州认为,从飞机上猎取野生动物是一项轻罪;印第

---

[1] 钊作俊、刘蓓蕾:"犯罪化与非犯罪化论纲",载《中国刑事法杂志》2005年第5期。

[2] 参见[法]马克·安塞尔著,卢建平译:《新刑法理论》,香港天地图书有限公司1990年版,第90页。

[3] 王云海:"日本刑罚是重是轻",载中国人民大学刑事法律科学研究中心编:《明德刑法学名家讲演录》(第一卷),北京大学出版社2009年版,第462页。

安纳州禁止给鸟和兔子染色；马萨诸塞州处罚惊吓鸽巢里鸽子的行为；德克萨斯州宣布，在赛狗中用活的动物做引诱物是重罪；在弗吉尼亚州，在公共场合吐痰被认为是一项轻罪；在南卡罗来纳州，匿名发送下流的或挑逗性的信息，最高可判3年监禁；联邦政府禁止在哥伦比亚特区范围内，在美国国旗上做广告，也禁止未经授权使用"红十字"标志、"烟仔熊"（Smokey Bear）及"森林猫头鹰"（Woodsy Owl）卡通形象；在盐湖城，没有按时归还从图书馆借的书也是一项可以入狱的犯罪；在俄克拉荷马城，没有保险驾车最高会被处以250美元罚款或30天监禁，且可以并罚。[1]在日本，东京曾经颁布的一个地方性法规规定，女性在电车上抹口红给别人以不愉快的感觉构成犯罪；见了老人和小孩不让座位也是犯罪；拿着手机大声打电话都可以当作犯罪处罚。此外，英美等国以及其他许多国家对交通、饮食、卫生、药品等方面规定的犯罪更是不胜枚举。[2]回顾我国的犯罪圈，大量在西方国家属于犯罪的行为，在我国部分仅属于违反《治安管理处罚法》的行为，更多的是不受任何法律规制的行为。国外对这些行为进行非犯罪化，而在我国根本不存在相应的问题。

2. 非犯罪化并非国外刑法发展的主旋律

20世纪中叶以前，欧美国家的刑法基本上只有犯罪化，而没有非犯罪化。[3]20世纪50年代以后，非犯罪化确实推动了犯罪圈的缩小和刑罚的轻缓化，但是非犯罪化并非始终是刑法发展的主旋律，如果说50年代至70年代非犯罪化占上风的话，80

---

〔1〕 王林："美国刑事司法过度犯罪化——成因、后果及对策分析"，载《理论界》2015年第4期。

〔2〕 王云海："日本刑罚是重是轻"，载中国人民大学刑事法律科学研究中心编：《明德刑法学名家讲演录》（第一卷），北京大学出版社2009年版，第462页。

〔3〕 张明楷："司法上的犯罪化与非犯罪化"，载《法学家》2008年第4期。

年代以后，犯罪化再次呈现出明显的生命迹象。从世界范围看，各国为了适应社会的发展，都在对危害社会的行为进行适度的犯罪化处理，有的甚至是力度很大的犯罪化处理。[1]在德国，1990年刑法第316条将对航空器的保护扩大至民用航海船只，并扩大了侵害言论秘密的范畴；1992年通过《防止毒品交易和其他形式的有组织犯罪法》，新增加了结伙盗窃、结伙窝赃、职业结伙窝赃和洗钱的犯罪构成；1999年1月1日生效的《德国刑法典》也将大量行为犯罪化，如增加关于组织恐怖集团的规定、增设伪造有价证券的新规定、扩大诈骗犯罪范围、增加伪造文书犯罪的规定、加强对环境的刑事保护和处罚有组织犯罪等。[2]2004年8月1日生效的《芬兰刑法典》在对犯罪规定人道和宽容的刑罚的同时，也大力强化犯罪化的内容，如规定对媒体"拉皮条"、传播儿童色情图像以及贩卖人口等犯罪处以重刑；重视反恐怖主义立法，打击"有组织犯罪"；加强规制公共官员、严厉惩治腐败行为的立法建设，在第40章单独规定"公职犯罪"；注重保护资源，专章惩治环境犯罪。[3]在日本，自20世纪末开始，也进行了大量的刑事立法，例如，1999年制定了《关于有组织犯罪的处罚及犯罪收益的规制等的法律》《关于不正当电子信息利用行为的禁止等的法律》《关于规制实施无差别杀人的团体的法律》《关于与儿童的卖淫、淫秽有关的行为等的处罚及儿童的保护等的法律》；2000年制定了《关于规制基因克隆技术的法律》《关于防止虐待儿童等的法律》；2001年制

---

[1] 李瑞生："论后劳教时代的社会与刑事立法之应对——关于犯罪化问题的研究"，载《新疆财经大学学报》2014年第2期。

[2] 徐久生、庄敬华译：《德国刑法典》，中国法制出版社2000年版，"汉斯·海因里希·耶赛克为德国刑法典序"第2页及以下。

[3] 参见肖怡译：《芬兰刑法典》，北京大学出版社2005年版，"独具特色的芬兰刑法制度——《芬兰刑法典》译序"第1页及以下。

定了《关于防止来自配偶的暴力及保护被害人的法律》;2002年制定了《关于处罚给以对公众等进行胁迫为目的而实施的犯罪行为提供资金等的法律》等。[1]在美国,20世纪80年代以来,无论是联邦还是州刑事司法系统,都呈现出实体刑法的明显扩张和刑罚惩罚的明显增加趋势,刑法新增大量附属罪行,为了预防侵害风险而大量设置新罪行。[2]目前,美国联邦法律中可以判处刑罚的罪名超过了4 000个,而州法律体系中的罪名也出现相似的增长。[3]在英国,1997年至2006年工党执政的10年中,英国就新创3 000多个新罪名,其中,1 169个罪名规定在基本法律中,1 854个罪名属于附属罪行。目前,英国罪名总数已超过1万。[4]通过立法产生了数百种由刑事法庭处理的违法行为,以致今天在英国,大至叛国,小至违章停放汽车等,都属于公认的犯罪行为。[5]此外,联合国1998年制定了《国际刑事法院罗马规约》,2000年制定了《打击跨国有组织犯罪公约》等。可以说,世界各国的刑事立法正处于"高潮期",此乃世界范围内引人注目的现象。[6]

认为国外自20世纪50年代以来一直实行非犯罪化的观点与客观实际不符,以德国为例,非犯罪化倾向在20世纪70年代前

---

[1] 参见冯军:"和谐社会与刑事立法",载《南昌大学学报(人文社会科学版)》2007年第2期。

[2] 参见何荣功:《自由秩序与自由刑法理论》,北京大学出版社2013年版,第10—11页。

[3] 参见王林:"美国刑事司法过度犯罪化——成因、后果及对策分析",载《理论界》2015年第4期。

[4] 转引自何荣功:《自由秩序与自由刑法理论》,北京大学出版社2013年版,第12页。

[5] 参见刘晓莉:"降低入罪门槛的当代价值探究——以《刑法修正案(八)草案》对生产销售假药罪的修正为视角",载《政治与法律》2011年第1期。

[6] 参见冯军:"和谐社会与刑事立法",载《南昌大学学报(人文社会科学版)》2007年第2期。

半期已结束,70年代后半期至现在,明显出现了"新犯罪化"的立法倾向。[1]到了20世纪70年代,英国也通过多部法律创设大量新的罪名,由"非犯罪化"转向"犯罪化"。[2]实际上,在经历了二战之后的非犯罪化浪潮后,犯罪化又成为各国刑法发展的主流。非犯罪化的范围是有限的,只是将极少数"无被害人的犯罪""自己是被害人的犯罪"不再作为犯罪处理,[3]和未废除的罪名相比,非犯罪化的比例是非常低的。因此,研究国外非犯罪化的问题,应当考察其产生的背景、面临的现况,非犯罪化的范围,犯罪化与非犯罪化的交织,从整体上进行论述评价。与刑罚世轻世重同理,犯罪圈是大是小也同时改变。

(二) 刑法谦抑性的限度

刑法谦抑性的本质在于如何确定刑法对社会的介入程度,即如何在国家与人民之间适当分权,找到平衡点,使得国家与人民两受其利。[4]反对扩大犯罪圈的观点认为,实行犯罪化会违背刑法谦抑性,易形成刑法泛化的态势。其实,刑法谦抑性所要求的限制刑罚权必须以"该入罪的一定要入罪"为前提条件。如果该入罪的没有入罪,就应当犯罪化,扩大犯罪圈,反之亦然。概言之,扩大犯罪圈、降低入罪门槛与刑法谦抑性并无必然矛盾,评价二者的关系必须有一个前提,即本国刑法掌控的范围,如果该范围不足,那么,一般而言,在坚持刑法谦抑性的大原则下是可以根据具体情况适当降低入罪门槛,扩大犯

---

[1] 参见[日]宫泽浩一著,张明楷译:"联邦德国刑事法律的变迁与展望",载《法学译丛》1989年第5期。

[2] 参见张明楷:"论刑法的谦抑性",载《法商研究(中南政法学院学报)》1995年第4期。

[3] 参见张明楷:"犯罪定义与犯罪化",载《法学研究》2008年第3期。

[4] 参见刘媛媛:"刑法谦抑性及其边界",载《理论探索》2011年第5期。

罪圈的。[1]虽然自1979年《刑法》施行以来，总体上我国刑法在向着降低犯罪门槛、扩大犯罪圈的方向前进，但与国外相比，我国刑法的范围明显狭窄，大量在国外被视为犯罪的行为在我国并不属于犯罪。因此，我国刑法的犯罪化不是违背刑法谦抑性，而是过于"谦抑"以致刑法的应有作用没能充分发挥。我国刑法"小而重"状态的背后是行政违法和刑事犯罪的二元制治理模式。犯罪圈仅限定在那些严重危害社会的行为，对于社会危害程度相对较小的行为，则由公安机关依照治安管理处罚法处置。表面上看，二元制治理模式显示了刑法谦抑性，适用治安管理处罚法使行为人避免了刑事处罚，保障了行为人的自由和权利，实则不然。治安案件由公安机关进行处置，使法院难以对案件行使管辖权。公安机关的警察权属于主动性的行政权，而法院的司法权属于中立的判断权，二元制治理模式使部分当事人的权利不能纳入司法的程序保障范围（关于警察权与司法权的优劣，下文再行论述）。现实中，之前大量的劳动教养案件、收容教育案件，现在的强制戒毒等案件，从认定到处分都是由公安机关单独作出，没有司法权的保障，行为人的权利因而屡受侵害，这几类制度也因此饱受诟病。这实际上是警察权代替了司法权，如果说这是为了避免过度刑法化，恪守刑法谦抑性的话，那么，这种谦抑并非真正意义上的谦抑，因为没有明白公正的程序，这种行政处理的结果并不比刑事处罚轻。[2]刑法谦抑性不在其形，而在其实。若以形式上的刑法谦抑性（不犯罪化或非犯罪化）掩盖实质上的犯罪化，甚至由警察为

---

[1] 参见刘晓莉："降低入罪门槛的当代价值探究——以《刑法修正案（八）草案》对生产销售假药罪的修正为视角"，载《政治与法律》2011年第1期。

[2] 参见刘瑞平："犯罪定义的横向和纵向分析"，载陈泽宪主编：《犯罪定义与刑事法治》，中国社会科学出版社2008年版，第75页。

主来代行惩罚犯罪的权力,则是刑法的倒退。在刑法谦抑性的背景下,对刑法的克制往往被过分强调,而忽略甚至歪曲了刑法应当起到的积极作用。如果刑法谦抑性是对封建社会罪刑擅断的纠正,那么在当今社会发展迅速、危害行为频发的情况下,保持刑法适度的张力,进行积极和富有前瞻性的刑法调控,同样也是一种理性和务实的选择。[1]在建立和发展社会主义市场经济体制的过程中,还会出现一些新的犯罪类型,刑事立法上也需要增加一些犯罪类型。新增加的这些犯罪,都是具有严重社会危害性的行为,我们不能认为这与刑法谦抑性相悖。这种有限的"犯罪化"符合我国实际,符合刑法谦抑性的要求。[2]

(三) 自由的刑法解读

黑格尔曾经说过,把自由理解为想说什么就说什么,想干什么就干什么,是一种粗鲁、浅薄、无知的表现。"尊重别人的意志并实现自己的意志"这种意义上的"自由意思",是生成人类文明的基础。我们在这个前提下,共同确认着自由、民主、法治之基本价值。[3]实际上,在我们的现实生活中,任何自由都离不开法律的约束,只有在法律规定的范围内从事活动的人,才是真正自由的人。[4]从本质上来说,社会秩序与个人权利并不冲突,法律所保护的社会秩序与个人自由之间具有内在的一致性。这在一定程度上说明,个人自由是法律维护社会秩序的终

---

[1] 参见刘媛媛:"刑法谦抑性及其边界",载《理论探索》2011年第5期。
[2] 参见张明楷:"论刑法的谦抑性",载《法商研究(中南政法学院学报)》1995年第4期。
[3] 参见冯军:"和谐社会与刑事立法",载《南昌大学学报(人文社会科学版)》2007年第2期。
[4] 参见李永升:"刑法与自由简论",载《河南社会科学》2009年第1期。

极目标。[1]就刑法来说，基于刑罚内容的严厉性，人们通常认为刑法是与个人自由对立的。其实不然，倘若没有刑法，则任何人都可以为所欲为，这样任何人的自由都有可能被他人侵犯。如果法律事先就将应受处罚的各种行为规定下来，任何人都没有侵犯他人自由的自由，任何人的自由就都有了法律的保障。[2]因此，明确犯罪圈的范围是保护公民自由的前提。在当代社会，犯罪化问题的实质就是刑法对犯罪圈、刑罚圈界定的合理化问题，它蕴含着国家对社会大众权利和自由的关怀程度。[3]有学者指出，在犯罪频发时，西方国家的刑法机能也超出了保障个人权利、自由的范围，同时注意保护国家、社会或集团的利益，当两者不能兼顾时，则舍个人权利而保护国家、社会或集团的利益。[4]的确，在社会秩序和国家安全面临重大挑战时，有必要不遗余力地打击严重犯罪，甚至可以突破保护个人利益的底线，如德国《打击非法毒品交易和其他形式的有组织犯罪法》和日本的《犯罪侦听法》即突破了传统的证据规则，规定窃听来的证据可以作为有组织犯罪的合法证据；美国《反犯罪组织侵蚀合法组织法》规定的犯罪"行为模式"，允许有条件地溯及既往；美国在"9·11事件"之后通过的《2001年爱国者法案》和英国的《公共安全经济法》甚至突破了"无罪推定的原则"。[5]从保护个人自由的立场出发，反对国家干涉，主要是

---

〔1〕 参见游伟、谢锡美："犯罪化原则与我国的'严打'政策"，载《政治与法律》2003年第1期。

〔2〕 参见李永升："刑法与自由简论"，载《河南社会科学》2009年第1期。

〔3〕 参见游伟、谢锡美："犯罪化原则与我国的'严打'政策"，载《政治与法律》2003年第1期。

〔4〕 参见游伟等："非犯罪化思想研究"，载陈兴良主编：《刑事法评论》（第10卷），中国政法大学出版社2002年版，第368页。

〔5〕 参见钊作俊、刘蓓蕾："犯罪化与非犯罪化论纲"，载《中国刑事法杂志》2005年第5期。

希望国家仅仅扮演一个守夜人的角色,不要主动、直接地对个人和社会的各种活动进行干涉。反对来自国家方向的干涉,源于惧怕国家侵犯个人的自由。[1]但是,如果没有刑法对社会秩序和个人权利的保护,公民的自由会随时面临被侵害的危险。正如西塞罗所言:"我们都是法律的奴隶,正因为如此,我们才是自由的。如果没有法律所强加的限制,每一个人都可以随心所欲,结果必然是因此而造成的自由毁灭。"[2]刑法不介入并不意味着自由的扩大,而是该区域缺乏有力的法律保障,权利处于被侵害的危险境地。例如,在《刑法修正案(七)》以前,对于出售、非法提供公民个人信息的行为,可以参照民事法律的相关规定进行自我权利保护,[3]但民事保护的效果并不理想,大量的公民个人信息被泄露、被用来牟利甚至被用来实施犯罪。在刑法介入之前,对于出售、非法提供公民个人信息的人而言,他们的自由是不受刑法限制的,但这种自由是建立在广大公民权利遭受侵害的基础之上的,属于滥用自由,不再是法律意义上的自由。所以,刑法将该行为规定为犯罪是正当的,也是必需的。在国外,美国、日本等发达国家都将包括公民个人信息在内的隐私纳入刑法的保护范围。由此可见,犯罪圈的扩大并不意味着自由的必然减少,而是对自由和权利的保护,既包括对犯罪人的依法保护,也包括对被害人及广大守法公民的依法保护。[4]在全面推进依法治国的时代背景下,刑法逐渐由传统

---

[1] 参见王世洲:"刑法的辅助原则与谦抑原则的概念",载《河北法学》2008年第10期。

[2] [英]彼得·斯坦、约翰·香德著,王献平译:《西方社会的法律价值》,中国人民公安大学出版社1990年版,第174页。

[3] 参见万发文、童凌:"隐私权的认定与保护",载《人民司法》2010年第18期。

[4] 参见赵秉志:"当代中国刑法中的人权保护(上)",载《中共中央党校学报》2004年第4期。

的国家专政机器、"刀把子"向法益保护工具的角色转变,从国家本位向社会本位转化,从国权刑法向民权刑法演进,刑法这个原先血淋淋的以刑为主的惩罚法,正在日益变成一个温情脉脉的以保护为主的保障法![1]正如洛克所言:"法律的目的不是废除或限制自由,而是保护和扩大自由。"[2]犯罪圈的扩大,也正是立足于这一目的。刑法是犯罪人的权利大宪章,一体化的刑事法更是自由的保障,而非自由的对立面!在刑法功能转变的过程中,我们也需要及时转变刑法观念,树立民权主义刑法理念。[3]

二、犯罪圈扩大的正当性

(一)符合中国的现实语境

新中国成立后至1979年《刑法》颁布前,我国虽然没有刑法典,但1955年最高人民法院研究室起草了历史上著名的《关于罪名、刑种和量刑幅度的初步总结(初稿)》,包括当时刑事审判中通用的9类罪、92个罪名和10个刑种。1979年《刑法》颁布后,1981年最高人民法院起草了《关于适用刑法分则罪名的初步意见》(以下简称《初步意见》)。《初步意见》根据刑法分则规定的8章、8类罪,确定了128个罪名。1979年《刑法》颁行后,国家又陆续通过了若干部单行刑法,1997年《刑法》全面修订以后,1997年12月9日最高人民法院审判委员会通过了《关于执行〈中华人民共和国刑法〉确定罪名的规定》,

---

〔1〕 参见卢建平:"加强对民生的刑法保护——民生刑法之提倡",载《法学杂志》2010年第12期。

〔2〕 [英]洛克著,叶启芳、瞿菊农译:《政府论》(下篇),商务印书馆1983年版,第36页。

〔3〕 参见卢建平:"刑法宪法化简论",载《云南大学学报(法学版)》2005年第4期。

确定了413个罪名。[1]后来,又陆续通过一部单行刑法和八个刑法修正案,截止到《刑法修正案(八)》的公布,我国刑法已经有452个罪名。若仅从罪名数量上看,我国犯罪圈扩大的速度相当快,规模也相当大。《刑法修正案(九)》延续了这一趋势,增加了20个新罪名。但需要明确的是,讨论犯罪圈扩大与限缩的问题,必须结合中国的现实语境。应该看到,我国对犯罪的治理和认定方面都与国外不同,在治理方略上,我国将危害社会的行为根据其社会危害程度分为行政不法和刑事不法,分别纳入治安管理处罚法和刑法的规制范畴,对危害行为采用二元制治理模式。我国对行政不法与刑事不法的划分依据是行为的危害程度,即依量而分,这样,治安管理处罚法和刑法的行为种类基本一致,都包含自然犯与行政犯。而在国外,譬如德国《违反秩序法》,其规制的基本属于行政犯,鲜有自然犯规定其中,其与刑法的分野根据是行为的种类,即依质而分。基于二元制治理模式,在犯罪认定上,我国坚持刑法定性加定量的犯罪概念,严格区分犯罪与一般违法行为。在刑法总则方面,通过"但书"规定排除情节显著轻微的危害行为;在刑法分则方面,通过数额较大、情节严重、情节恶劣等方式限缩犯罪圈。比较而言,我国的犯罪大体上相当于国外的重罪,在其他国家作为轻罪和微罪处理的,在我国则不认为是犯罪,而作为行政违法或违纪处理。这样,西方国家的犯罪圈明显比我国的大得多,例如,《日本刑法典》只有264条,但附属刑法达上万条,其中既有监禁刑,也有并处或者单处罚金刑;[2]美国联邦法律有4000多个罪名;英国有上万个罪名。反观我国,所有

---

[1] 参见周道鸾:"中国刑法罪名解释的历史发展",载《国家检察官学院学报》2009年第5期。

[2] 参见储槐植:《刑事一体化论要》,北京大学出版社2007年版,第157页。

的犯罪都规定在刑法中，加上《刑法修正案（九）》新增加的，也只有470多个罪名，与国外犯罪圈相比，我国的犯罪圈明显处于"小而重"的状态。我国对于成立犯罪的条件已经限定过严（成立犯罪要兼具定性因素与定量因素），在这样的现实背景之下再强调非犯罪化，则不符合国情。如依据《联合国禁止非法贩运麻醉药品和精神药品公约》的规定，吸毒构成犯罪，依据《联合国反腐败公约》的立法精神，受贿罪不以"为他人谋取利益"为构成要件。相比之下，在我国，吸毒行为不构成犯罪，受贿罪要求以"为他人谋取利益"为成立要件，从而缩小了犯罪圈。一味地强调刑罚之恶和刑罚的副作用，低估刑罚的正面功能和积极作用，把不法行为犯罪化的标准定得过高，表面上维持了社会的低犯罪率，使大多数不法行为人免于犯罪污点和刑事追究，实际上可能导致纵容犯罪、损害社会整体利益的后果。[1]因此，不能直接效仿国外而在我国推行非犯罪化，中国的主要问题是犯罪化。[2]

总之，中国犯罪圈的设立必须将刑法的中国化和刑法的国际化合理结合。所谓中国化是指从中国的实际情况出发，立足于中国的实践经验，借鉴吸收外国刑事立法经验为本国服务；所谓国际化是指刑事立法的修改与完善要适应改革开放的需要，打破闭关自守的局面，防止盲目排斥或忽视国外成功经验的研究和借鉴，注意世界各地刑法发展的总趋势，顺应当今世界刑法的发展方向。[3]从国际视角分析，随着社会的发展，新的危

---

［1］ 参见付立庆："'刑法危机'的症结何在——就犯罪圈、刑罚量问题的些许感想"，载《云南大学学报（法学版）》2007年第5期。

［2］ 参见陈兴良：《刑法的价值构造》，中国人民大学出版社1998年版，第405页。

［3］ 参见高格："刑法思想与刑法修改完善"，载马克昌、丁慕英主编：《刑法的修改与完善》，人民法院出版社1995年版，第16页。

害行为不断出现,犯罪化是主要趋势。由此,我国进一步降低犯罪门槛,扩大犯罪圈,使中国的"小刑法"体系走向"大刑法",符合法治的趋势。[1]经历过资产阶级革命的国家的刑法有个相似点,即"高度道德主义",把大多数道德不容的行为都宣布为犯罪。因此,当前非犯罪化的一个主要领域是所谓道德罪。我国刑法基本没有这种背景,不存在非犯罪化问题。[2]在未来较长的一段时期内继续扩大我国犯罪圈,进一步犯罪化,才是刑法发展的主流,这是由我国刑法面临的现实和社会发展的需要所决定的。

(二)有利于限制警察权、提升司法权

在我国,由于实行行政违法和刑事违法的二元制治理模式,大量行政违法案件由公安机关处置,不受司法程序的保障,这不符合刑事法治的发展规律。本书搜集了 1986 年至 2019 年公安机关每年立案的刑事案件和受理的治安案件的数据,见表 9。

表 9　1986 年至 2019 年公安机关每年立案的刑事案件和受理的治安案件

年份	刑事案件(起)	治安案件(起)
1986	547 115	1 115 858
1987	570 439	1 234 910
1988	827 594	1 410 044
1989	1 971 901	1 847 625
1990	2 216 997	1 965 663

---

[1]　参见卢建平:"犯罪门槛下降及其对刑法体系的挑战",载《法学评论》2014 年第 6 期。

[2]　参见储槐植:"严而不厉:为刑法修订设计政策思想",载《北京大学学报(哲学社会科学版)》1989 年第 6 期。

续表

年份	刑事案件（起）	治安案件（起）
1991	2 365 709	2 414 065
1992	1 582 659	2 956 737
1993	1 616 879	3 351 016
1994	1 660 734	3 300 972
1995	1 690 407	3 289 760
1996	1 600 716	3 363 636
1997	1 613 629	3 227 669
1998	1 986 068	3 232 113
1999	2 249 319	3 356 083
2000	3 637 307	4 437 417
2001	4 457 579	5 713 934
2002	4 336 712	6 232 350
2003	4 393 893	5 995 594
2004	4 718 122	6 647 724
2005	4 648 401	7 377 600
2006	4 653 265	7 197 200
2007	4 807 517	8 709 398
2008	4 884 960	9 411 956
2009	5 579 915	11 752 475
2010	5 969 892	12 757 660
2011	6 005 037	13 165 583
2012	6 551 440	13 889 480
2013	6 598 247	13 307 501

续表

年份	刑事案件（起）	治安案件（起）
2014	6 539 692	11 878 456
2015	7 174 037	11 795 124
2016	6 427 533	11 517 195
2017	5 482 570	10 436 059
2018	5 069 231	9 721 130
2019	4 862 443	9 624 881
总计	129 297 959	227 634 868

从表9可以看出，从1986年至2019年，公安机关受理的治安案件总数是刑事案件立案总数的1.72倍。公安机关立案的刑事案件最终并非都由审判机关裁决，表10是公安机关每年立案的刑事案件和检察机关提起公诉的刑事案件数量对比。

表10 1986年至2019年公安机关每年立案的刑事案件和检察机关提起公诉的刑事案件[1]

年份	公安机关立案（起）	检察机关提起公诉（起）
1986	547 115	220 324
1987	570 439	219 557
1988	827 594	244 553
1989	1 971 901	314 296
1990	2 216 997	356 111
1991	2 365 709	316 077
1992	1 582 659	305 161

---

[1] 表10中，检察机关提起公诉的刑事案件不包含检察机关自行侦查的案件。

续表

年份	公安机关立案（起）	检察机关提起公诉（起）
1993	1 616 879	296 795
1994	1 660 734	353 121
1995	1 690 407	352 296
1996	1 600 716	445 507
1997	1 613 629	334 011
1998	1 986 068	380 445
1999	2 249 319	443 377
2000	3 637 307	456 376
2001	4 457 579	545 749
2002	4 336 712	561 579
2003	4 393 893	538 217
2004	4 718 122	586 960
2005	4 648 401	630 063
2006	4 653 265	646 279
2007	4 807 517	686 456
2008	4 884 960	724 250
2009	5 579 915	723 324
2010	5 969 892	736 256
2011	6 005 037	796 774
2012	6 551 440	947 796
2013	6 598 247	958 727
2014	6 539 692	1 027 115
2015	7 174 037	1 050 879

续表

年份	公安机关立案（起）	检察机关提起公诉（起）
2016	6 427 533	1 069 547
2017	5 482 570	1 219 603
2018	5 069 231	1 189 480
2019	4 862 443	1 275 233
总计	129 297 959	20 952 294

根据表 10 中数据可知，1986 年至 2019 年，在公安机关立案的刑事案件中，平均只有 16.2%经过检察机关提起公诉，高达 83.8%的刑事案件没有被提起公诉，最终绝大多数也不会由审判机关裁决，而是由公安机关处理。近年来，刑事案件数量急剧上升，而公安机关提请检察机关批捕案件的相对比例在下降，虽然不排除宽严相济刑事政策推行以后逮捕等强制措施的运用率在下降，但总体而论，警察权主导了刑事案件处理这一结论依然成立。这其中一个重要缘由就是我国立案标准过高，致使犯罪圈过于狭小，严重影响司法权功能的发挥。

虽然公安机关在刑事案件中行使刑事侦查的职权，但从权力属性上看，公安机关的行政特点更明确：在实体方面，公安机关受同级政府与上级公安机关的双重领导，职权行使不具有独立性；在程序方面，公安机关办案采取的是典型的行政方式，即主动干预社会生活，单方面限制个人基本权益和自由，积极地获取犯罪证据和查获嫌疑人，并对其发动刑事追诉。[1]相对于行政权而言，司法权在程序上具有其特性及独立性；在组织方面则体现为裁判者的职业化、社会公众的参与、合议制以及

---

〔1〕 参见陈瑞华：'"司法权的性质——以刑事司法为范例的分析"，载《法学研究》2000 年第 5 期。

上下级司法机构的特殊关系等方面的特征。在我国，公安机关行使的警察权是巨大的，对社会生活的各个方面都有影响，对于公民的自由与权利享有限制乃至于剥夺的权力。因此，只有经过法定程序才能保证警察权行使的正当性。[1]从应然的角度来看，公安机关不仅不应当行使司法权，其权力还应受到司法机关的有效审查和控制。

只有对警察权进行有效限制，将公安机关独自处置的治安案件纳入司法权的保护范围，公民的权利才能得到更好的保护，而限制警察权力，保障公民权利的可行之路便是犯罪化和司法化。对于部分学者的疑问，即"这种'犯罪化'程度不断升高的趋势是否需要继续保持下去，它的边界在哪里"，[2]笔者认为，犯罪化的边界除了对新出现的危害行为犯罪化以外，关键是应对原来由警察权处分的绝大部分治安案件进行犯罪化，交由司法权进行最终裁决。虽然从刑法的运行特征和法律属性来看，刑法主要是对公民个人的自由进行限制，但刑法的公法属性导致其在司法功能上往往易偏向于保护社会。尽管刑法的运行中潜藏着侵犯人权的巨大危险，但是现代刑事法治的本义要求，刑法既是对公民的规范，也是对国家的约束。而且，由于国家所处的强势地位，更强调对国家权力的约束，以防止刑罚权的滥用，保障公民个人的基本权利。那么如何站在刑事法治的高度，有效地约束国家权力，保障人权呢？罪刑法定自然是当之无愧的选择，[3]即将警察独自处分的治安案件提升为刑事

---

[1] 参见陈兴良："限权与分权：刑事法治视野中的警察权"，载《法律科学（西北政法学院学报）》2002年第1期。

[2] 参见张绍谦："从刑罚特性看犯罪圈的界限"，载《河南省政法管理干部学院学报》2007年第5期。

[3] 参见孙洁："法治与和谐：犯罪化与非犯罪化的价值契合"，载《甘肃政法学院学报》2008年第5期。

案件，以罪刑法定的形式确立犯罪的边界，进一步限制警察权，提升司法权。

(三) 可以更有效地保护公民权利和自由

有观点认为，犯罪圈的扩大引起国家刑罚权的膨胀，必然导致对公民权利和自由的压缩。[1]治安管理处罚虽然也会限制、剥夺人身自由，但相对于犯罪而言，避免了犯罪污点的记录，在观念上也属于较轻的处罚，实际上有利于行为人的再社会化。笔者认为，此论点并不成立。扩大犯罪圈，将原来由公安机关最终处置的部分治安案件提升为刑事案件，由中立的审判机关进行裁决，实际上是保护了公民的权利和自由，而非相反。我国现在的立法指导思想在向着轻刑化的方向迈进，新增加的犯罪多数属于原来违反治安管理处罚法的行为，在刑法中属于轻罪甚至微罪类型，一般量刑较轻。如《刑法修正案（八）》增加的危险驾驶罪、《刑法修正案（九）》增加的使用虚假的身份证件罪、替考罪等罪的刑罚只是拘役（甚至还有更轻的管制、罚金）。从行为人承担的后果分析，虽然包括了有期徒刑、无期徒刑和死刑等严厉程度较高的刑种，但同时也有拘役、管制和单处罚金等严厉程度较低的刑种，甚至规定了定罪免刑的情形。所以，犯罪圈扩大，将治安案件提升为刑事案件，并不意味着行为人必然承担更不利的后果。推崇自由主义的霍布豪斯认为，自由和控制之间没有真正的对立，因为每一种自由都依靠一种相应的控制。[2]自由不是无边界的，为所欲为、不受任何约束的行为不能叫自由；不受法律保障的行为也难以称之为自由，

---

[1] 参见何荣功："社会治理'过度刑法化'的法哲学批判"，载《中外法学》2015年第2期。

[2] 参见[英]霍布豪斯著，朱曾汶译：《自由主义》，商务印书馆1996年版，第83页。

因为其面临随时被侵害的厄运。在法治时代，只有纳入法律框架之中、受法律保障的行为，才能称之为自由的行为。公民的自由主要依靠良好的刑法。[1]刑法通过惩罚犯罪来保护个人自由，人们希望自由地生活而不必担心犯罪的危害，如果犯罪得不到制止，人们的自由也就得不到保障。[2]违反治安管理处罚法的行为即便不纳入犯罪圈，也要受到行政制裁，权利和自由同样会被限制或剥夺。

从程序法的保障角度分析，在治安案件处理过程中，从受理案件到做出处罚决定，都是由公安机关独自全程参与，公安机关属于当事者一方，因而缺乏公众参与的机会与第三方的有效监督。公安机关对于治安案件的处置属于典型的行政模式，基于警察权的政治性、行政性、司法性、公共性，[3]公安机关积极主动介入治安案件并基于维护社会安定的目的进行处置。在具有特定目的性和缺乏有效监督的情形下，排除了中立第三方的公正审判，缺乏程序法的保障，尤其公安机关是在没有其他机关制约，也没有赋予被罚者以各种程序性权利的情况下，独自作出决定的，虽有效率，却有悖法治的基本要求。[4]程序保障的缺失导致警察权的膨胀与行使的恣意，最终危及行为人的权利与自由。这也是劳教制度被废除的主要原因之一，以及当今社会对卖淫嫖娼人员的收容教育和其他治安管理处罚措施遭受强烈质疑的关键点。相比较而言，在刑事诉讼中，法院作为独

---

[1] 参见[法]孟德斯鸠著，张雁深译：《论法的精神》（上册），商务印书馆1961年版，第188页。

[2] 参见曲新久："论个人自由的刑法保护与保障"，载《政法论坛》1999年第5期。

[3] 参见孙洪波："中国警察权属性分析"，载《中国人民公安大学学报（社会科学版）》2014年第1期。

[4] 参见陈兴良："犯罪范围的合理定义"，载《法学研究》2008年第3期。

立的第三方，具有中立性和被动性，有完整的程序保障，普通民众有参与案件审理的机会，其他国家机关和公民能够行使监督权。当事人的行为在一套相对完整的程序法保障下由法院最终进行裁决，相对于治安案件的处置模式，刑事诉讼程序对公民权利和自由的保障显而易见。至于犯罪记录的存在以及群众对犯罪污点的感观，一个可以通过刑法制度的完善，另一个需要转变传统观念对犯罪的理解，进行有效应对。

（四）扩大犯罪圈可以更有效地防控犯罪

在二元制治理模式下，刑法只处罚社会危害性较大的行为，这种"抓大放小"的治理模式给人一种错觉，即受治安管理处罚法处罚的行为和受刑法处罚的行为在性质上具有根本的不同。实质上两类行为的性质是一样的，只是危害程度不同而已。二元制治理模式会导致小的危害行为因为治安管理处罚法的不足而得不到有效防控，进而演变成犯罪行为。这种现象可以通过破窗理论进行解析。破窗理论是1982年由美国学者詹姆斯·威尔逊和乔治·凯琳提出的，其基本内容是：若一间工厂或一个办公室的窗户坏了，路过的人可能因此认定这里无人维护或负责管理。过一段时间后，就会有人开始丢石头、打破更多窗户。很快，所有的窗户都被破坏。小失序达到某个临界规模时，最终可能发生伴随失序而来的更严重的犯罪、城市衰败和腐败。[1]其论证理由是：缺乏修理的破窗暗示该建筑缺乏管理，由于其缺乏管理，实施破坏行为便不会受到追究；由于潜在的抑制因素减少，破坏行为发生的概率便会上升。[2]在破窗理论基础上，

---

〔1〕 参见［美］乔治·凯琳、凯瑟琳·科尔斯著，陈智文译：《破窗效应：失序世界的关键影响力》，生活·读书·新知三联书店2014年版，第3页、第20页。

〔2〕 参见赵秉志、金翼翔："CPTED理论的历史梳理及中外对比"，载《青少年犯罪问题》2012年第3期。

美国提出零容忍政策，即对各种反社会的行为和犯罪应当采取严厉打击的态度，哪怕是对轻微的违法犯罪行为，也要毫不犹豫、决不妥协地进行彻底斗争。零容忍政策清楚地阐释了防微杜渐、打击轻微犯罪在预防严重犯罪中的重要性。[1]根据美国司法部的统计，通过贯彻执行零容忍政策，从 1993 年至 1998 年，全美财产类犯罪率下降了 32%，暴力犯罪率下降了 27%。而且，此后整个美国的犯罪率一直在走低。[2]英国的哈特波市在 1994 年 4 月亦引用破窗理论与零容忍政策，至 1995 年 7 月获得丰硕成果，整体犯罪率下降 45%，一般窃盗减少 71.5%，汽车窃盗减少 68%，一般刑事损失犯罪减少 63.5%。[3]虽然破窗理论和零容忍政策是警察执法政策而非立法政策，但其蕴含的一个前提是要有健全的刑法对轻微失序行为进行规制，即通过扩大犯罪圈将这些失序行为规定为犯罪。在我国二元制治理模式下，违反治安管理处罚法的行为通常被视为"小错"，许多行为人也不把治安管理处罚法当回事，认为只要不构成犯罪，犯些"小错误"是没有关系的，这导致治安管理处罚法难以有效规制轻微的不法行为，而是等这些行为日益恶化，演变成犯罪后，再用刑法规制。所以，可以借鉴破窗理论，对刑法分则中部分犯罪特别是自然犯中"数额较大""多次""情节严重""情节恶劣"等限制性规定进行修正，不再将其作为入罪的门槛，而是作为量刑的考量因素，逐步探索走向危害行为规制的一元制治理模式。这样能够实现系统治理、依法治理、综合治

---

〔1〕 参见王世洲、刘淑珺："零容忍政策探析"，载《中国人民公安大学学报（社会科学版）》2005 年第 4 期。

〔2〕 参见李本森："破窗理论与美国的犯罪控制"，载《中国社会科学》2010 年第 5 期。

〔3〕 参见黄豹、廖明会："社会治安综合治理中的零容忍理论研究"，载《中南民族大学学报（人文社会科学版）》2007 年第 S1 期。

理、源头治理的目标,及早控制危害行为的发展态势,更加有效地防控犯罪,提高社会治理法治化水平,促进国家治理体系和治理能力现代化。[1]

---

[1] 参见卢建平、刘传稿:"法治语境下犯罪化的未来趋势",载《政治与法律》2017年第4期。

第四章 一元制治理模式下的轻重犯罪分离

第一节 犯罪分层模式及标准

2019年1月15日至16日,中央政法工作会议在北京召开。习近平总记指出:"要深化诉讼制度改革,推进案件繁简分流、轻重分离、快慢分道"。繁简分流、轻重分离、快慢分道(以下简称"三分原则")这一指导思想的提出,为新时代犯罪治理提出了新的要求,提供了新的导向。2018年修正的《刑事诉讼法》确立了简易程序、速裁程序和认罪认罚从宽制度,已从程序法层面实现了繁简分流和快慢分道。当前,亟须从刑事实体法层面实现犯罪的轻重分离,着实推进刑事一体化,在刑事立法中切实贯彻"三分原则"。犯罪分离是根据一定的标准将轻重不同的犯罪予以区别,分别采取不同的治理方式,这方面可以适度参考国外的犯罪分层。对盗窃行为实行一元制治理模式后,盗窃刑事案件的数量将明显增加,案件类型也将更为丰富,面对轻重不同的盗窃罪,如何分类治理便成为应考虑的问题。对于此,本书建议参考国外犯罪分层理论,将盗窃罪予以分层,然后采取不同的治理措施。

一、犯罪分层模式

犯罪分层模式是指根据刑罚的轻重或者犯罪的严重程度将犯罪进行分类的一种划分方式。目前对于犯罪分层主要有以下几种模式。

第一，二层次模式。二层次模式是将刑法的犯罪划分成重罪、轻罪，或者重罪、违警罪两个层次。坚持该模式的国家比较多，主要有德国、奥地利、瑞士、意大利、挪威、泰国等国家。例如，现行《德国刑法典》第12条第1款、第2款明确规定："（1）重罪指：最低刑为1年或1年以上自由刑的违法行为。（2）轻罪指：最高刑为1年以下自由刑或科处罚金刑的违法行为。"2006年3月16日修订的《意大利刑法典》第39条规定："根据本法典为有关罪行分别规定的刑罚种类，犯罪区分为重罪（delitti）和违警罪（contravvenzioni）。"[1]《瑞士联邦刑法典》第9条规定，重罪是指应科处重惩役之行为，轻罪是指最高刑为普通监禁刑之行为。第35条规定，重惩役是最重之自由刑，其刑期最低为1年，最高为20年。法律对之有特殊规定的，其刑期为终身。

第二，三层次模式。根据犯罪的严重程度或刑罚的轻重，将刑法的犯罪划分成重罪、轻罪、违警罪三个层次，具有代表性的是法国。1810年的《法国刑法典》将犯罪分为重罪、轻罪和违警罪，但是其仅考虑刑罚的性质，以至于犯罪的性质也取决于刑罚的严厉程度。所以有学者对该有赖于刑罚性质的标准提出了批评。1994年《法国刑法典》仍保留这一传统，第111-1条规定："刑事犯罪，依其严重程度，分为重罪、轻罪和违警

---

[1] 黄风译注：《最新意大利刑法典》，法律出版社2007年版，第20页。

罪。"[1]条款中的"依其严重程度",是指依据犯罪给社会造成的危害大小。这一严重程度标准,明显优于按刑罚性质区分犯罪种类的标准。《埃及刑法典》第9条规定:"犯罪包括下列三种类型:重罪、轻罪和违警罪。"第10条至第12条分别对重罪、轻罪和违警罪进行了界定。重罪是指可以判处下列刑罚的犯罪:死刑、终身监禁、加重监禁、监禁。轻罪是指可以判处下列刑罚的犯罪:拘役、上限超过100埃镑的罚金。违警罪是指可以判处上限不超过100埃镑的罚金的犯罪。第376条规定,罚金下限不低于10埃镑。

第三,四层次模式。根据犯罪的严重程度或刑罚的轻重,将刑法的犯罪划分成轻度犯罪、中度犯罪、重度犯罪与极其重度的犯罪,最具代表性的是俄罗斯。1997年1月1日正式颁布实施,并在2008年1月13日经俄罗斯联邦立法委员会第61次修订的《俄罗斯联邦刑事法典》在第15条规定:"1. 本法典规定的犯罪行为,依据社会危害性性质与社会危害性程度的轻重不同,可以划分为轻度犯罪、中度犯罪、重度犯罪与极其重度的犯罪。2. 实施本法典对其规定最高刑罚期限不超过两年剥夺自由刑的故意行为与过失行为,应当认定为是实施轻度犯罪。3. 实施本法典对其规定最高刑罚期限不超过五年以上剥夺自由刑的故意行为,以及实施本法典对其规定最高刑罚期限不超过两年以上剥夺自由刑的过失行为,应当认定为是实施中度犯罪。4. 实施本法典对其规定最高刑罚期限不超过十年剥夺自由刑的故意行为,应当认定为是实施重度犯罪。5. 实施本法典对其规定最高刑罚期限超过十年以上剥夺自由刑的故意行为,或实施本法典对其规定刑罚更为严厉的其他故意行为,应当认定为是

---

[1] 参见罗结珍译:《法国新刑法典》,中国法制出版社2003年版,第3页。

实施极其重度的犯罪。"[1]

第四，多层次模式。美国的《模范刑法典》将犯罪分为六个层次：一级重罪、二级重罪、三级重罪、轻罪、微罪、违警罪。按照美国《模范刑法典》的界定，重罪（felony）专指应当处以死刑或者未适用加重刑期之规定1年以上监禁刑的实质犯罪，其根据量刑不同还可以被分为三种不同等级的重罪，如一级重罪、二级重罪、三级重罪。[2]轻罪（misdemeanor）是指比严重犯罪轻微的刑事犯罪，通常处以罚金、没收、在监狱以外的场所短期监禁（例如郡县拘留所）等刑罚。美国《模范刑法典》中的微罪（petty misdemeanor）其实是通常意义上的轻罪中罪行较轻的一部分，也就是将监禁刑1年以下的轻罪独立划分出来成为一种类型。《模范刑法典》规定："本法典或者本法典生效后颁布的其他制定法规定为微罪的实质犯罪，或者依照本法典以外的制定法可处以最高不超过1年的监禁刑的实质犯罪，为微罪。"[3]违警罪（violation）在美国《模范刑法典》中是一种非实质犯罪，只能被处以罚金或其他民事制裁。违警罪主要包括基于严格责任的管制性犯罪以及某些轻微犯罪，常见的包括违反交通秩序的行为。[4]例如在妨碍公路和其他公共交通的情形下，参加集会者拒绝服从执法人员合理要求或命令的，构成违警罪。又如行为人在对于一般守法个人而言属于异常的场所、

---

[1] 参见赵路译：《俄罗斯联邦刑事法典》，中国人民公安大学出版社2009年版，第11—12页。
[2] 参见［美］美国法学会编，刘仁文、王祎等译：《美国模范刑法典及其评注》，法律出版社2005年版，第8—9页。
[3] ［美］美国法学会编，刘仁文、王祎等译：《美国模范刑法典及其评注》，法律出版社2005年版，第8页。
[4] 参见［美］美国法学会编，刘仁文、王祎等译：《美国模范刑法典及其评注》，法律出版社2005年版，第9页。

时间或者以异常方式徘徊或者潜行，对附近的他人或者财产的安全造成恐慌的，构成违警罪。[1]美国的《模范刑法典》在轻罪以下又将犯罪划分成微罪和违警罪，进一步细化了对轻微犯罪的分层。但是微罪、轻罪、重罪三者在美国《模范刑法典》中都属于实质犯罪，也就是"crime"。[2]正如威廉·布莱克斯通爵士指出的那样，无论重罪还是轻罪，都是一种违反公共法律禁止性规范或命令性规范的行为。这一定义普遍适用于重罪和轻罪，从这个意义上而言，二者可以被恰如其分地视为同义词语。就通常适用的范畴而言，重罪更多是指更深程度和更为凶残的违法行为，轻罪则是指那些较小的错误及过失，[3]而违警罪更类似于我国治安管理处罚法规范的违法行为。

从上述国家法律对犯罪分层的有关规定可以看出，犯罪分层已是多数国家的刑法立法选择，各国都认为可以按照一定的标准将犯罪划分为轻重不同类型。当前，在犯罪分层上形成了四种类型，在划分方法上有一次划分和二次划分的区别，在具体标准上，多数国家是以剥夺自由的期限作为轻罪、重罪的分界线，少数国家以刑罚种类作为分界线。

二、犯罪分层标准及评价

从当前刑法立法已实行犯罪分层的国家对犯罪分层采用的标准来看，可以分成两种：一是，根据刑罚的轻重，将不同的犯罪行为进行分层，称之为形式标准；二是，根据犯罪行为本

---

[1] [美]美国法学会编，刘仁文、王祎等译：《美国模范刑法典及其评注》，法律出版社2005年版，第210页。

[2] [美]美国法学会编，刘仁文、王祎等译：《美国模范刑法典及其评注》，法律出版社2005年版，第8页。

[3] Bryan A Garner, *Black's Law Dictionary*, 2004, Detroit: West Publishing Co, p. 3165.

身的严重程度或社会危害性的性质和程度,将所有犯罪行为进行分层,称之为实质标准(或实体标准、严重程度标准)。形式标准其实是立法者对犯罪行为严重性的先前判断通过刑罚表现出来,而实质标准实际上是一种直接的价值判断。[1]

对犯罪进行形式标准的分层,就是用刑罚的轻重和类别给犯罪界定层次,因此,形式标准明确直观、易于理解和把握。但形式标准的缺点在于,这种以刑罚轻重界定犯罪轻重的顺序在逻辑上不成立。从事物产生的因果顺序看,犯罪在先,刑罚在后,而且刑罚是犯罪的评价结果。如果以刑罚的轻重来认定犯罪的轻重,则因果关系倒置,不符合逻辑。正是由于这个原因,沿袭了近200年的拿破仑刑法典(即1810年《法国刑法典》)关于犯罪的形式分类,被1994年《法国刑法典》的实质分类代替,其第111-1条规定:"刑事犯罪,依其严重程度,分为重罪、轻罪和违警罪。"[2]

与形式标准对应的是实质标准。实质标准也称实体标准、严重程度标准,指依据犯罪严重程度将犯罪分成不同层次。严重程度是犯罪的社会危害性及其程度在评价主体主观上的反映,评价主体的立场不同、标准不同,得出的结论也有所不同。因此,犯罪严重程度的评价是一个非常复杂的问题,如何再现犯罪行为自在"恶"的量并进行排序,从贝卡利亚提出到现在,一直是个无法完全解决的问题。根据北京师范大学教授卢建平对实质标准相关概念的梳理,以下几个概念与实质标准密切相关:首先是严重程度。此处的严重程度是主体对某个具体犯罪行为做出判断后的结论表述,具有量的属性。其次是严重性。

---

〔1〕 参见卢建平:"犯罪分层及其意义",载《法学研究》2008年第3期。
〔2〕 参见卢建平:《刑事政策与刑法变革》,中国人民公安大学出版社2011年版,第149—150页。

严重性着眼于具体犯罪行为本身的性质，是犯罪行为所具有、主体据以做出严重程度判断的客观性质。可以说，严重性是评价对象具有的性质，具有质的属性。严重程度是评价主体对评价对象的严重性做出评价得出的结论。最后是社会危害性。这是犯罪行为被标定为犯罪的理由，是犯罪的严重性描述和严重程度判断的前提。只有具有社会危害性的行为，才能继续描述其严重性，才能判断其严重程度。根据俄罗斯学者的观点，社会危害性由多方面的内容构成，包括犯罪所侵犯的客体（即利益）、犯罪人的主观罪过、犯罪的后果、犯罪的方式等。[1]严重性和严重程度是对这些因素综合判断后的描述和判断。因此，社会危害性也是一种质的属性。与严重性概念不同的是，社会危害性这种属性是犯罪得以成立的前提，严重性则是犯罪成立以后具有的程度属性，而犯罪的严重程度可以说就是犯罪的社会危害性程度。《俄罗斯联邦刑法典》采用"社会危害性"这个概念，其第15条规定："本法典所规定的行为，依照其性质和社会危害性的程度……"[2]从上述三个概念的简要辨析基本上可以得出一个结论：严重程度、严重性和社会危害性都是犯罪作为一种反社会行为的"恶性"（非道德评价）的表现。三个概念在不同语境里使用。[3]

从实用的角度而言，形式标准更便于操作，司法实践中分

---

[1] 参见［俄］Н.Ф.库兹涅佐娃、И.М.佳日科娃主编，黄道秀译：《俄罗斯刑法教程》，中国法制出版社2002年版，第59—160页。

[2] 这里可能存在一个翻译问题，同一译者翻译的两个版本中，法典采用本书这里的表述（参见黄道秀译：《俄罗斯联邦刑法典释义》，中国政法大学出版社2000年版，第25页），而教科书则采用另一种表述，即"社会危害性的性质和程度"（参见［俄］Н.Ф.库兹涅佐娃、И.М.佳日科娃主编，黄道秀译：《俄罗斯刑法教程》，中国法制出版社2002年版，第159页）。

[3] 参见卢建平：《刑事政策与刑法变革》，中国人民公安大学出版社2011年版，第150—152页。

歧较少，但从良法善治的视角而言，实质标准更有利于从本质上理解和把握轻重犯罪不同的分层。

第二节　我国理论界对犯罪分层的探讨

我国现行《刑法》虽未对犯罪之轻重做出明确划分，但在刑法学界，不乏相关方面的讨论。我国学者主要是以法定刑抑或宣告刑以及刑期的高低对犯罪之轻重进行划分，其中将犯罪划分为两层的，多数只有轻罪和重罪之别，少有微罪的提法，颇具代表性的观点主要有以下几种：

第一，二分法，[1]主要是依据法定刑或者宣告刑将犯罪分为轻罪和重罪两个层次，其中根据法定刑或者宣告刑的不同又可以分为3年说、5年说等类型。

在法定刑的观点中，第一类是法定刑3年说。有的学者认为，《刑法》第67条第1款规定，犯罪以后自首且"犯罪较轻"的可以免除处罚，暗示了可以从理论上将犯罪分为重罪与轻罪，区分重罪与轻罪应以法定刑为标准，而不宜以现实犯罪的轻重为标准。从《刑法》第7条属人管辖、第8条保护管辖、第72条缓刑等规定看，可以考虑将法定最低刑为3年以上有期徒刑的犯罪称为重罪，其他犯罪则为轻罪。[2]有的学者认为轻罪应当主要包括以下三类行为：《刑法》规定的法定刑最高为3年有期徒刑的部分犯罪；劳动教养处罚的部分行为；部分需要予以犯罪化的危害行为，例如见死不救等。[3]有的学者指出，我国

---

[1]　少数学者在二分的基础上，还对轻罪和重罪进行了二次划分，从轻罪中划分出微罪，但是这种微罪已经不具有独立的存在价值，其自身品格完全被轻罪覆盖，故不划入本书中的微罪范畴。

[2]　参见张明楷：《刑法学》（第三版），法律出版社2007年版，第91页。

[3]　参见高长见：《轻罪制度研究》，中国政法大学出版社2012年版，第214页。

刑法的重罪与轻罪的分界线以 3 年有期徒刑为宜，法定刑为 3 年以上有期徒刑的犯罪为重罪，其他犯罪则为轻罪。[1]有的学者认为应当以法定刑为标准，将法定最高刑为 3 年有期徒刑以下刑罚的案件确定为轻微犯罪。[2]第二类是法定刑 5 年说，有的学者认为，应以 5 年有期徒刑作为轻罪与重罪的划分界限，法定最高刑为 5 年以下有期徒刑的为轻罪，法定最高刑为 5 年以上有期徒刑的为重罪。[3]有的学者认为，应将我国刑法中的犯罪分为轻罪和重罪两种类型，法定最高刑为 5 年有期徒刑以下刑罚的为轻罪，法定最低刑为 5 年有期徒刑以上刑罚的为重罪。[4]

在宣告刑的观点中，第一类是宣告刑 3 年说。有的学者认为，应当判处 3 年有期徒刑以上刑罚的犯罪可视为较重之罪，应当判处的刑罚不满 3 年有期徒刑的犯罪可视为较轻之罪。[5]有的学者认为，"将应当被判处 3 年有期徒刑以下刑事制裁措施的犯罪作为轻罪处理，符合百姓的法律习惯，也符合国家兼顾法律效率、公平的法治理念"，"轻罪是指应当被判处 3 年有期徒刑以下刑事制裁措施的犯罪"。[6]第二类是宣告刑 5 年说。有的学者认为，鉴于我国整体刑罚设置偏高偏重的现状，可将应

---

[1] 参见王文华："论刑法中重罪与轻罪的划分"，载《法学评论》2010 年第 2 期。

[2] 参见王军、张寒玉："公诉工作中对轻微犯罪实行轻缓刑事政策问题的研究"，载《人民检察》2007 年第 4 期。

[3] 参见郑丽萍："轻罪重罪之法定界分"，载《中国法学》2013 年第 2 期。

[4] 参见田兴洪：《宽严相济语境下的轻罪刑事政策研究》，法律出版社 2010 年版，第 61 页。

[5] 参见周振想编著：《刑法学教程》，中国人民公安大学出版社 1997 年版，第 271 页。

[6] 参见杜雪晶：《轻罪刑事政策的中国图景》，中国法制出版社 2013 年版，第 11 页。

处 5 年有期徒刑作为重罪与轻罪的分水岭，即应处 5 年以上有期徒刑、无期徒刑或者死刑的犯罪为重罪，应处 5 年或者 5 年以下有期徒刑、拘役或者管制的犯罪为轻罪。[1]

第二，三分法，主要是依据法定刑或者宣告刑将犯罪分为微罪或者轻微罪、轻罪、重罪三个层次。

在法定刑的观点中，有的观点认为应以拘役刑、3 年有期徒刑为标准划分微罪、轻罪、重罪。该种观点认为："我国刑法中，重罪和轻罪只是司法（和学理）上的称呼，以法定刑 3 年有期徒刑为界，其上的称重罪（重刑），其下的称轻罪（轻刑）"，但是"法定刑 3 年以下有期徒刑称轻罪，拘役比轻罪更轻，称作'微罪'应是理所当然。微罪就是可处拘役或以下之刑的罪"。[2]

在宣告刑观点中，有的学者认为，应当以 3 年、10 年为标准划分轻微罪、轻罪、重罪。该种观点认为"将 3 年有期徒刑作为轻微罪和轻罪之间的界限比较合理"，将"可能判处 10 年有期徒刑为重罪的起刑点更为妥当"。[3]

第三，四分法。有的学者把犯罪分为四个轻重等级：其一，微罪，最低一级（最轻微）为违警行为，最高处 5 天或 7 天监禁。其二，轻罪，最高法定刑为 3 年或 7 年监禁。其三，次重罪，最高法定刑为 10 年或 15 年监禁。其四，重罪，最高一级（最严重），又可再分为最重罪和一般重罪。最重罪最高处死刑，

---

[1] 参见卢建平、叶良芳："重罪轻罪的划分及其意义"，载《法学杂志》2005 年第 5 期。

[2] 参见储槐植："解构轻刑罪案，推出'微罪'概念"，载《检察日报》2011 年 10 月 13 日第 3 版。

[3] 参见孙道萃："犯罪分层的标准与模式新论"，载《法治研究》2013 年第 1 期。

一般重罪最高处 20 年或 30 年剥夺自由刑。[1]

通过上述梳理可以发现，学界对犯罪分层的研究集中在划分标准是实质标准还是形式标准、划分的依据是法定刑还是宣告刑、划分的犯罪层次和界限等问题。

第三节 本书坚持的分层标准

围绕犯罪分层的相关问题，学界曾结合国外立法对重罪、轻罪等犯罪分层在刑法总则中进行了制度设计，试图将相关概念立法化[2]。我国对犯罪层次的划分依然停留在学理层面，不具有规范意义；在犯罪层次的具体含义和范围上存在不同认识，也无可厚非。但依然有必要依照犯罪治理和刑法自身的特点来选择适合诠释我国刑法的犯罪层次概念和划分标准。

一、以实质标准为主兼顾形式标准的综合标准

综合标准是以实质标准为主、以形式标准为辅，先实质标准、后形式标准的犯罪分层方法。实质标准主要依据社会危害性大小对轻重犯罪进行区分，形式标准主要着眼于刑罚的轻重。综合标准和我国刑法关于犯罪的定义一致，因此，有必要对犯罪的本质——社会危害性——的内容进行深入分析。

（一）社会危害性的坚持

我国刑法对犯罪的界定采取了兼顾实质和形式的混合概念，

---

[1] 参见叶希善：《犯罪分层研究——以刑事政策和刑事立法意义为视角》，中国人民公安大学出版社 2008 年版，第 325 页。
[2] 参见卢建平：《刑事政策与刑法变革》，中国人民公安大学出版社 2011 年版，第 197 页；赖早兴、贾健："罪等划分及相关制度重构"，载《中国刑事法杂志》2009 年第 3 期；田兴洪："轻重犯罪划分新论"，载《法学杂志》2011 年第 6 期；等等。

其中，实质概念对应的是"犯罪是危害社会的行为"，因此，我国的刑法学体系是以社会危害性为中心的。[1]有的学者认为，社会危害性是一个未经法律评价的超规范性的概念，[2]（严重）社会危害性不符合法治精神，不能作为刑法立法的犯罪化根据。[3]甚至有人主张将社会危害性这一概念逐出注释刑法学领域，引入一个具有实质意义的概念——法益侵害性，作为对社会危害性的替代。[4]与之相反，也有学者明确支持社会危害性。有的学者立足于社会危害性和刑事违法性的关系，认为社会危害性反映的是犯罪的社会本质，而刑事违法性反映的则是法律本质。[5]也有学者认为，犯罪成立的标准并不是唯一的，社会危害性起着相当重要的作用，比如在对违法阻却事由、行为犯、危险犯等做判断时，必须借助社会危害性。[6]笔者认为，社会危害性作为犯罪的本质应当坚持。其一，对犯罪的认识，离不开对犯罪本质的界定，构成犯罪的不是一般的行为，而是"危害社会的犯罪行为"。[7]其二，犯罪本质中的社会危害性与犯罪概念中的社会危害性有所不同，前者是法哲学层面的范畴；后者

---

〔1〕 陈兴良：《刑法哲学》（修订3版），中国政法大学出版社2004年版，第723页。

〔2〕 参见陈兴良："社会危害性理论——一个反思性检讨"，载《法学研究》2000年第1期。

〔3〕 参见姜敏："论犯罪化的根据"，载《中国刑事法杂志》2019年第3期。

〔4〕 参见刘仁文主编：《刑法学的新发展》，中国社会科学出版社2014年版，第126页。

〔5〕 参见刘艳红："社会危害性理论之辨正"，载《中国法学》2002年第2期。

〔6〕 参见游伟、赵运锋："'社会危害性'的刑法地位及其运用"，载《法律适用》2010年第9期。

〔7〕 参见高铭暄主编：《刑法学原理》（第一卷），中国人民大学出版社2005年版，第130页。

是规范学层面的内容,已受到刑事违法性的严格制约。[1]其三,用法益侵害性取代社会危害性不足取。法益侵害性和社会危害性并非对立的概念,在 100 多年前的大陆法系国家,已有学者将社会危害性作为犯罪的本质,[2]"社会危害性实际上就是指对刑法所保护的法益的侵犯性"。[3]可见,社会危害性和法益侵害性并没有天然的隔阂,二者在理论层面基本可以互换使用,因此,用社会危害性描述犯罪的本质不会带来规范判断上的偏差,没必要在立法层面用法益侵害性取代社会危害性。其四,社会危害性不是政治性和阶级性口号。尽管苏联首次将社会危害性纳入刑法典,但社会危害性并非社会主义国家专属,从意大利的贝卡利亚,到德国的费尔巴哈和李斯特,都曾使用过社会危害性这一概念,而且还赋予了不同的内容,说明社会危害性这一概念作为犯罪的本质带有一定的普适性。其五,社会危害性不是一个抽象的、空洞的概念,其有具体的内涵和构成要素。根据俄罗斯学者的观点,可以通过危害社会行为的质和量的特点来理解社会危害性。"质"是指犯罪行为社会危害性的性质,"量"是指犯罪行为社会危害性的程度。[4]进一步而言,社会危害性由多方面内容构成,包括犯罪所侵害的客体(即利益)、犯罪人的主观罪过、犯罪的后果、犯罪的方式等。[5]可见,犯

---

[1] 参见刘仁文主编:《刑法学的新发展》,中国社会科学出版社 2014 年版,第 112 页。

[2] 参见[德]李斯特著,徐久生译:《德国刑法教科书》(修订译本),法律出版社 2006 年版,第 170 页。

[3] 张明楷:《法益初论》,中国政法大学出版社 2000 年版,第 258 页。

[4] 参见[俄]Л. В. 伊诺加莫娃-海格主编,黄芳、刘阳、冯坤译:《俄罗斯联邦刑法(总论)》(第二版,修订和增补版),中国人民大学出版社 2010 年版,第 29 页。

[5] 参见[俄]Н. Ф. 库兹涅佐娃、И. М. 佳日科娃主编,黄道秀译:《俄罗斯刑法教程》,中国法制出版社 2002 年版,第 159—160 页。

罪概念中的社会危害性和法益侵害性的内涵基本相当,而法哲学层面的社会危害性的范围更广一些,它不仅具有客观方面的内容,还包括了法益侵害性和行为人的主观恶性两方面内容。

(二) 实质标准的具体内容

如果对社会危害性的分析止于客观危害和主观恶性,还不能为犯罪分层提供依据,应当对这两个方面进一步分解,析出能够发挥分离犯罪作用的因素。有学者将客观危害和主观恶性做了详细分类。[1]客观危害应当包括以下因素:犯罪客体(法益),包括法益的价值、法益的数量、对法益侵害或危险的程度等;行为的手段,包括强度的大小、有无暴力、公开还是秘密、行为的组织性程度等;行为实现程度,对于结果犯而言,行为的实现程度包括犯罪的结果和侵害的犯罪对象的数量;犯罪的对象,主要包括犯罪对象的易受侵害性和犯罪对象的重要性程度;行为人的危险性,即行为人在犯罪过程中客观表现出来的危险性;犯罪的时间、地点。主观恶性主要是罪过,包括故意、过失、动机、目的。上述分类基本能够使社会危害性发挥犯罪分层的作用,具有相当的科学性和可行性。但以上是仅依靠实质标准将犯罪分层的方法,由于本书坚持综合标准,实质标准和形式标准都会发生分离犯罪的作用,上述判断社会危害性的因素和本书坚持的判断因素有差异。本书力图从客观和主观两方面展开,通过社会危害性的具体判断因素发挥其分离犯罪的作用。

1. 社会危害性客观方面的因素

(1) 多层次的犯罪客体(法益)判断标准。法益是社会危害性的重要内容,也是划分轻重犯罪的重要因素,法益价值越大,罪行越严重,法益价值越小,罪行越轻微。法益划分越细

---

[1] 卢建平:《刑事政策与刑法变革》,中国人民公安大学出版社 2011 年版,第 166—173 页。

致,越能体现出社会危害性的大小。基于此,可将法益分为宏观、中观、微观三个层次。首先,从宏观层面而言,是将法益分为几大类,对此有不同的分类,有国家法益、社会法益和个人法益的三分法,也有公法益和私法益的二分法,还有认为法益仅有个人法益的一分法。[1]上述分类都是以法益主体为标准进行的分类。另外还有有形法益与无形法益、专属法益与一般法益之分。[2]"由于国家有着以统治组织为前提的国家法益,与没有这个前提的社会法益之间,有着本质上的差别,因此,三分法是妥当的。"[3]按照三分法的观点,法益可以分为个人法益、社会法益和国家法益,这是法益划分的第一个层次。尽管个人法益的实现离不开社会法益和国家法益的支持和保护,但立足于"以人民为中心"的发展观,个人法益应当作为优先保护的法益。其次,从中观层面而言,个人法益、社会法益和国家法益需要进一步类型化。中观层面的划分可以避免法益的形式化、空心化,从实质的层面对法益进行展开,以此为轻重犯罪的分离提供结构化的支撑。个人法益又可细分为生命权、健康权(生理健康和心理健康)、自由权、财产权、荣誉权、政治民主权、发展权等;社会法益可分为公共安全维护、经济发展、社会机构管理秩序、社会秩序等;国家法益可分为国家存立利益、国家安全利益等。就个人法益而言,生命权最重要,侵害生命权的犯罪行为应当属于重罪;侵害健康权的行为因为内容广泛,伤害程度差异较大,应以重罪为原则,以轻罪为例外;由于荣誉权相对于生命权和健康权而言价值相对低一些,应以

---

〔1〕 参见张明楷:《法益初论》,中国政法大学出版社2000年版,第240—242页。

〔2〕 参加杨春洗、苗生明:"论刑法法益",载《北京大学学报(哲学社会科学版)》1996年第6期。

〔3〕 [日]木村龟二主编,顾肖荣、郑树周等译校:《刑法学词典》,上海翻译出版公司1991年版,第101页。

轻罪、微罪为原则，以重罪为例外。就社会法益而言，随着社会的快速发展，社会法益也在不断发生变化，与个人法益关系紧密的社会法益应当纳入重罪或轻罪的范畴，与个人法益联系较弱的社会法益、价值相对较小的社会法益以及刑法保护前置化的社会法益（如部分帮助行为、预备行为的正犯化犯罪）应当纳入微罪的范畴。就国家法益而言，由于国家法益特别是国家的存立法益事关国家的生存安全，犯罪性质往往较为严重，一般应归属于重罪。由于此类犯罪在司法实践中数量极少，归于重罪对我国的轻罪化和量刑的轻缓化不会产生明显影响。最后，从微观层面而言，法益起到立法层面区分罪与非罪以及排序作用。微观的法益可以细密刑事法网，走向"严而不厉"。刑法的目的在于保护法益，一个行为是否规定为犯罪，主要考虑该法益是否值得刑法保护。立法机关是在实质的法益概念指导下制定分则条文，将来的刑事立法也只能将侵害了人们的重要生活利益的行为规定为犯罪。[1]法益的内容并不是固定不变的，随着社会的变迁，需要刑法保护的法益日益增多，"犯罪的数量以及各种犯罪的严重程度会随着所涉及的环境在政治、宗教、社会与经济诸方面的变化而变化"。[2]随着社会的发展，人们的物质文明和精神文明程度逐渐提高，法益的范围会由基本的生命、健康安全到生活环境、社会秩序的安全，再到公平的发展权，乃至与世界和谐共存的人类命运共同体理想，是一个不断扩大的过程。从我国的刑法立法也可以看出，国家先后将危险驾驶、冒名顶替、高空抛物、侮辱英烈、基因编辑等行为规定

---

〔1〕 参见张明楷："论实质的法益概念——对法益概念的立法批判机能的肯定"，载《法学家》2021年第1期。

〔2〕 ［法］卡斯东·斯特法尼著，罗结珍译：《法国刑法总论精义》，中国政法大学出版社1998年版，第25页。

为犯罪，加强对自然环境资源的刑法保护，这说明刑法和我国社会发展的规律是同步前进的。同时也应该看到，尽管刑法立法有一定的超前性，但不会跨越社会发展的现状，盲目扩大法益的范围，例如有的国家将虐待动物、夜间喧哗等行为都规定为犯罪，而我国刑法却没有将该类法益纳入刑法保护的范围，主要是我国的社会发展还没达到如此高的程度，未来随着社会文明程度进一步提高，法益的范围进一步扩大，此类行为在我国也可能会纳入刑法治理的范围。

（2）行为的危险程度。对行为的危险程度的判断有不同的分类视角。首先，从暴力性的维度进行区分。暴力是对法益的一种粗暴侵犯，暴力程度越高，法益被侵害就越严重。综观世界各国刑法，都将暴力犯罪视为最严重的犯罪，特别是和人身安全相关的暴力性犯罪。当然，暴力并不限于行为人自身的力量，也包括借助工具实施的暴力行为，如利用器械、枪支、易燃易爆物品实施的犯罪。根据暴力的危害程度，大致可以得出这样的结论：武装暴力犯罪>持械暴力犯罪>自身暴力>非暴力。基于暴力的客观危害性，如果属于暴力犯罪，原则应当纳入重罪的范畴。对于非暴力犯罪，则应结合侵犯或者危及法益的程度和犯罪对象进行判断。其次，犯罪的方式方法。同样的犯罪，因为犯罪的方式方法不同，给被害人造成的后果也不同。例如，利用大数据、人工智能、网络技术等现代技术手段，通过计算机实施的诈骗、诽谤等犯罪，较传统的犯罪方式，危害性明显更大。

（3）行为实现程度。行为实现程度主要针对故意犯罪，从完成形态而言，主要看行为处于什么阶段，看是犯罪预备阶段、实行阶段还是既遂阶段，行为实现程度越高，说明对法益的侵害越严重，罪行就越重。如果该既遂的犯罪属于重罪，未完成形态可根据法益等因素，分别划入重罪或轻罪的范畴，如果该既遂的犯罪属于轻罪，未完成形态或者属于轻罪，或者不罚。

（4）犯罪主体。犯罪主体对于犯罪轻重的影响主要看是有组织犯罪、单位犯罪、团伙犯罪还是个人犯罪。根据《中华人民共和国反有组织犯罪法（草案）》的规定，有组织犯罪是指组织、领导、参加黑社会性质组织犯罪，以及黑社会性质组织、境外黑社会组织、恶势力组织实施的具体犯罪。因为有组织犯罪属于涉黑涉恶犯罪，这类犯罪严重侵犯了人们共同的社会生活秩序，往往又兼有对人身权利、财产权利的侵犯，危害性比较大，所以应属于重罪。单位犯罪基本属于非暴力犯罪，根据法益的价值，可分别纳入重罪或者轻罪的范畴。团伙犯罪是指除有组织犯罪以外的其他共同犯罪。同样的犯罪，团伙犯罪比单个自然人犯罪危害性更大。个人犯罪的范围比较广，而且个人犯罪的危害性很多情况下并不比单位犯罪危害性小，此处主要是考虑对于同样的犯罪，团伙犯罪属于共同犯罪，形成的合力较个人更大，犯罪的严重程度随着组织性的增强而越发严重，给国家带来的治理难度也更大。

2. 社会危害性主观方面的因素

尽管犯罪的严重程度主要从客观方面进行判断，但客观行为是受主观方面支配的。因此，犯罪的轻重也应该考虑主观因素。主观方面的第一个层次是划分故意和过失。故意犯罪根据法益不同，在重罪、轻罪和微罪中均有体现，而过失犯罪因重视犯罪结果，主要分布在重罪和轻罪之间，且应以轻罪为主。主观方面的第一个层次是对故意和过失的内容进一步细分。在故意层面，主要考察行为人在犯罪前是否有预谋，犯罪时是否目标明确、认识清楚、意志坚定、情绪稳定，如果是肯定的，危害性就比较大，原则上应属于重罪；相反，如果行为人是临时起意、激情犯罪,甚至是不得已被迫犯罪,则应结合法益,分别划入重罪、轻罪或者微罪的范畴。在过失层面,重点分析行为人对可能出现的结果在主观上有没有做出努力,做出的努力多少,行为人所做的意志努力越少,则社会危害性越大。[1]对于过于自信的过失,由于行为人对事态的认识相对清晰,对可能发生的结果的预料较为明确,在价值相当的法益中,过于自信的过失的社会危害性比疏忽大意的过失更大。

(三) 形式标准的具体选择

提倡实质标准并不意味着完全抛弃形式标准,形式标准依然会发挥相当的作用。在按法益分类以后,在同类法益和同一具体法益的犯罪中,重罪、轻罪和部分微罪的划分就要依靠形式标准实现了,因为此时重罪和轻罪只有量的差异。以盗窃罪为例,盗窃财物的价值有小有大,刑罚部分规定了5个刑种7个量刑幅度,从轻到重分别为单处(并处)罚金、管制、拘役、3年以下有期徒刑、3年以上10年以下有期徒刑、10年以上有期徒刑、无期徒刑,这种量刑差异巨大的犯罪单靠实质标准划分轻重犯罪是比较困难的,应当借助形式标准共同完成。

关于轻重犯罪分离的形式标准,有的学者主张"以法定刑3年有期徒刑为界,其上的称重罪(重刑),其下的称轻罪(轻刑)"。[2]有的学者主张轻罪和重罪的划分应以法定最高刑5年有期徒刑为界。[3]还有学者主张"将轻罪上限定为10年有期徒刑"。[4]笔者认为,以法定刑3年有期徒刑作为轻重犯罪分界线

---

[1] 参见卢建平:《刑事政策与刑法变革》,中国人民公安大学出版社2011年版,第174页。

[2] 储槐植:"解构轻刑罪案,推出'微罪'概念",载《检察日报》2011年10月13日第3版。

[3] 参见郑丽萍:"轻罪重罪之法定界分",载《中国法学》2013年第2期。

[4] 孙道萃:"犯罪分层的标准与模式新论",载《法治研究》2013年第1期。

比较合适,理由如下:第一,符合犯罪分离的目的。轻重犯罪分离的目的在于对轻重犯罪区别治理,3 年说不论实体上还是程序上都有利于实现这一目的。从实体法角度讲,我国刑法规定缓刑适用的前提是被判处拘役、3 年以下有期徒刑的犯罪分子,因此,坚持 3 年说对犯轻罪的行为人而言,存在适用缓刑的可能,如果坚持 5 年说甚至 10 年说,则会形成一种尴尬的局面:一方面认为属于轻罪,另一方面则难以适用非监禁刑措施,进而丧失轻重犯罪分离的意义。从程序法角度讲,可能判处 3 年有期徒刑以下刑罚的案件,可以有条件地适用速裁程序。对于可能判处 3 年有期徒刑以上刑罚的案件,即便被告人认罪认罚,也不可能适用速裁程序。第二,符合司法实践的要求。司法实践已经由 5 年说转为 3 年说,根据官方统计的数据,2010 年以前,最高司法机关一直将 5 年作为轻罪和重罪的分界线,从 2011 年开始,将轻罪和重罪的分界线由 5 年改为 3 年。这种变化是司法统计精细化的体现,反映了统计意识的增强和治理能力的提升。另外,为了观察 5 年说和 3 年说在实践中的区别,笔者分别以 5 年和 3 年为界,统计了我国 2011 年至 2019 年的轻罪比例,具体数据见表 11。

表 11　以 5 年为界和以 3 年为界的轻罪比较[1]

年份	有罪宣告人数	轻罪人数(5 年说)	轻罪人数(3 年说)	轻罪比例(5 年说)	轻罪比例(3 年说)
2011	1 050 747	901 295	806 252	85.78%	76.73%
2012	1 173 406	1 015 110	919 071	86.51%	78.33%
2013	1 157 784	1 032 769	953 290	89.2%	82.34%

---

[1] 数据来源:2011 年至 2019 年的《中国法律年鉴》。

续表

年份	有罪宣告人数	轻罪人数（5年说）	轻罪人数（3年说）	轻罪比例（5年说）	轻罪比例（3年说）
2014	1 183 784	1 072 126	999 309	90.57%	84.42%
2015	1 231 656	1 116 192	1 042 272	90.63%	84.62%
2016	1 219 569	1 121 753	1 051 844	91.98%	86.25%
2017	1 268 507	1 093 345	974 212	86.19%	76.8%
2018	1 428 772	1 273 134	1 205 298	89.11%	84.36%
2019	1 659 550	1 483 540	1 392 472	89.39%	83.91%

由表 11 可以发现，以 5 年为界和以 3 年为界区分重罪和轻罪（包含微罪），差异并不明显，2011 年至 2019 年，采用 5 年说的案件比采用 3 年说的案件在数量上多；采取 3 年说，轻罪率年均为 81.97%。可见，采取 3 年说已经能够将绝大部分犯罪划入轻罪范畴，随着轻罪罪名和轻罪案件的增多，即便采取 3 年说，轻罪的比例也将进一步提高。

犯罪分层标准确定后，先通过实质标准，将社会危害性小的犯罪纳入微罪体系，然后对现有的犯罪体系根据形式标准进行二次划分，分为轻罪和重罪，最终形成重罪、轻罪、微罪三层次的犯罪治理体系。

二、以法定刑为 3 年和 1 年有期徒刑作为重罪、轻罪与微罪的划分界限

犯罪分层是一个价值判断，在重罪与轻罪的划分界限上究竟以怎样的刑度作为标准，难以通过演绎推理来论证。笔者认为，我国的犯罪分层，在关注立法、司法现状的同时，也应该考虑划分的科学性以及国际划分的通行标准。基于这几种因素，本书将应处 3 年以上有期徒刑、无期徒刑、死刑的犯罪划定为

重罪，应处 1 年以上不满 3 年有期徒刑的犯罪划定为轻罪，应处 1 年以下（不含 1 年，下同）有期徒刑、拘役、管制以及单处附加刑的犯罪划定为微罪。

（一）关于重罪和轻罪的界分

目前，国际上大多以 1 年有期徒刑作为重罪与轻罪的分界线，我国司法实践中多以 3 年有期徒刑作为重罪与轻罪的分界线，与国际通行做法差异比较大，且目前我国刑法对适用缓刑的上限规定也是 3 年有期徒刑，可见也是将 3 年作为重罪和轻罪的区分点。此外，参照国际通行的划分标准，基于刑罚整体趋轻的未来走向，用 3 年而非 5 年的法定刑作为划分依据，更有利于实现刑罚轻缓化。近几年最高司法机关公布的数据，也已经把轻重犯罪的分界线由 5 年改为 3 年。因此，本书将 3 年作为划分轻罪和重罪的刑度依据，以实现和刑法规范及刑法学界通行观点的对接。在未来立法和出台司法解释的过程中，为了体现轻罪和重罪在具体刑法制度上的差异，国家也应当将 3 年作为划分轻重犯罪的依据。

（二）关于微罪和轻罪的界分

本书主张以 1 年为界对微罪和轻罪进行划分，主要出于以下考虑：

第一，国内立法导向。在宽严相济刑事政策推行以后，我国的刑事立法开始在实体与程序两个层面积极探索轻微犯罪的特殊处理机制。2018 年修正的《刑事诉讼法》第 282 条第 1 款规定："对于未成年人涉嫌刑法分则第四章、第五章、第六章规定的犯罪，可能判处一年有期徒刑以下刑罚，符合起诉条件，但有悔罪表现的，人民检察院可以作出附条件不起诉的决定。人民检察院在作出附条件不起诉的决定以前，应当听取公安机关、被害人的意见。"可见，各地检察机关探索多年的未成年人犯罪附条件不起诉制度得到了法律的正式确认。

《刑法修正案（十一）》增设了危险驾驶罪、危险作业罪、高空抛物罪等最高刑为 1 年有期徒刑的轻罪。这类罪名的设置为微罪和轻罪的划分提供了立法前提。

《刑事诉讼法》和《刑法》的修改既为轻罪和微罪的区别提供了前提，也显得轻重犯罪分离更有价值、更为迫切。只有在刑法上实现了重罪、轻罪和微罪的分离，才能使程序上的快慢分道和诉讼过程中的繁简分流形成合力，发挥更大的治理作用，为刑事一体化改革解决实体法存在多年的问题。

第二，国际立法参考。许多国家对于微罪的界定也是以 1 年为界，例如德国将轻罪认定为以 1 年以下的自由刑或科处罚金刑相威吓的违法行为，美国《模范刑法典》的微罪被界定为"本法典或者本法典生效后颁布的其他制定法规定为微罪的实质犯罪，或者依照本法典以外的制定法可处以最高不超过 1 年的监禁刑的实质犯罪"。

第三，国家犯罪统计意识的增强。多年以来，官方对于犯罪具体数据的公布一直"犹抱琵琶半遮面"，尽管有多种渠道不间断地公布一些犯罪数据，但这些数据具有以下缺点：一是，往往只笼统地公布某一大类的犯罪总数，缺乏具体个罪的多视角详细分类，特别是常见多发的具体犯罪的数据公布较为匮乏。二是，公检法机关缺乏犯罪数据的联动。对于常见多发的犯罪，公安机关立案数、检察机关起诉数、法院判决数应当统一公开，但目前尚缺乏这种机制。这些不足导致犯罪数据可被利用研究的价值不高。但近几年，国家开始逐步增强犯罪统计意识，公布的犯罪数据较之前更为详尽，有了明显的进步。例如，法院系统对于审理的刑事案件判决生效情况的统计，其中被判处有期徒刑的，2013 年以前只有 5 年以下有期徒刑和 5 年以上有期徒刑两类。2013年开始,将被判处5年以下有期徒刑的情形细分为3年以上不满5年和3年以下有期徒刑;2017年开始,将被判处有期徒刑的情形进一步细分为5年以上至死刑、超过3年不满5年有期徒刑和1年以上3年以下有期徒刑三类。再如,对于单处附加刑,以前最高人民法院只公布被单处附加刑的总数,但2017年开始,将单处附加刑细分为罚金(单处附加刑)、剥夺政治权利(单处附加刑)和驱逐出境(单处附加刑)三类。犯罪数据统计的进步反映了国家犯罪统计意识进一步增强,犯罪治理逐步向精准化迈进,这是犯罪治理能力提升的表现,为轻罪和微罪的分别治理提供了数据支撑和现实基础。所以,将可能判处1年及1年以下刑罚的犯罪纳入微罪的范畴,符合当前我国轻微犯罪的基本形势,有利于完善我国的刑法结构,提高我国犯罪治理的法治化水平。

(三)关于微罪的范围

微罪的上限是法定刑1年有期徒刑,而其下限的确定涉及我国刑事司法权与行政权(警察权)的重新配置,以及微罪与《刑法》第13条"但书"规定"情节显著轻微危害不大的,不认为是犯罪"之间的关系等重大问题。但从形式标准来讲,微罪一定是构成犯罪的行为,即使是可能免予刑事处罚的行为,也属于本书讨论的微罪范畴。因此,除了最高刑为1年有期徒刑的犯罪,微罪还包括法定最高刑为拘役或单处拘役、管制的犯罪,以及后续可能出现的单处罚金等附加刑的犯罪。

当然,犯罪分层或分离仅是犯罪治理的一方面,在建立犯罪分层制度的同时,相应的刑事诉讼程序、司法制度、刑罚执行、社区矫正等多项制度都要予以确立和完善。只有这样,才能够使一元制治理模式顺应推进治理体系和治理能力现代化的目标,健康运行。

第五章

一元制治理模式下刑法体系的完善

犯罪分层理论的引入,将会给我国的刑法体系带来一系列的变革。其中,比较重要的是刑罚种类的改革、前科消灭制度的设立、出罪制度的完善及有效适用、犯罪理念的更新等。有观点认为,改革开放以来,在旺盛社会需求的驱动下,我国的刑事立法明显呈现单向犯罪化的特点。刑法条文和罪名数量一直处于增长中,特别是近年刑法修正案频繁颁布所呈现出的刑法立法异常活性化。[1]笔者认为,在现代社会治理理念下,罪名设定合理,量刑得当,适当扩大犯罪圈,加强刑法对社会治理的参与,同时转变人们对刑法的传统认识,及时改变、完善相关的刑法配套制度,对于社会发展而言,应当是一种进步,是走向法治文明的标志。具体到盗窃罪,进行一元制治理,同样会对现有的刑事司法制度带来很大的冲击,但只要处理得当,顶层设计科学,在法治理念下稳步推进相关规定和制度的变革,实现盗窃罪的源头治理和系统治理并非遥不可及。根据当前我国的立法和司法现状,应当重点从四个层面进行相应的变革。

---

[1] 参见何荣功:"社会治理'过度刑法化'的法哲学批判",载《中外法学》2015年第2期。

第一节　刑罚体系的改进

对盗窃罪实施一元制治理模式后，盗窃案件的数量将会增加，其中会有大量的轻微盗窃，这样，原来偏重的刑罚体系就难以与之匹配。所以，犯罪门槛下降，刑罚结构、体系和种类均应相应调整，刑罚的严厉程度自然也要相应降低，适当增加教育性、预防性、惩戒性、治疗性或戒除性措施，这些举措都体现了刑罚轻缓化、多元化的改革趋势。[1]

我国刑罚体系的确定，经历了一个刑罚种类由少到多，由不统一完备到统一完备，由不区分主刑与附加刑到区分主刑与附加刑，由分散规定到在各个单行刑法中规定再到集中统一刑法的发展过程。[2]早在民主革命时期，各革命根据地就曾采用死刑、有期监禁、没收财产和剥夺公民权等刑罚同犯罪行为做斗争。抗日战争和解放战争时期，又增加了有期徒刑、拘役、劳役和罚金刑，个别地区还使用了无期徒刑。新中国成立初期独创了管制刑。1956年，最高人民法院统一了全国的刑种，共有十种，即死刑、无期徒刑、有期徒刑、劳役、管制、逐出国境、剥夺政治权利、没收财产、罚金和公开训诫。1979年颁布的第一部《刑法》，确立了我国现在的刑罚体系：主刑有五种，即管制、拘役、有期徒刑、无期徒刑、死刑，附加刑有三种，即罚金、剥夺政治权利和没收财产。[3]此外，对外国人犯罪，

---

[1] 卢建平："犯罪门槛下降及其对刑法体系的挑战"，载《法学评论》2014年第6期。

[2] 高铭暄主编：《中国刑法学》，中国人民大学出版社1989年版，第236—237页。

[3] 谭光定："变革、完善我国刑罚体系的思考"，载《探索》2002年第2期。

还可适用驱逐出境的特殊附加刑。在我国现有的刑罚种类下，盗窃罪的刑种有无期徒刑、有期徒刑、拘役或者管制四种主刑，此外还有罚金和没收财产两种附加刑。我们可以比较一下国外对盗窃罪的刑罚种类。

表 12　部分国家盗窃罪法定刑罚幅度和刑罚种类

国家	盗窃罪法定刑罚幅度	法定刑罚种类
德国	①一般情形：5 年以下自由刑或罚金刑。 ②一般加重情形：3 个月以上 10 年以下自由刑	①主刑：自由刑、罚金刑、日额罚金。 ②附加刑：禁止驾驶、担任公职资格、被选举权及选举权的丧失、追缴、没收。 ③矫正与保安处分：收容于精神病院、收容于戒除瘾癖的机构、保安监督、行为监督、吊销驾驶证、职业禁止
意大利	①一般情形：6 个月至 3 年有期徒刑和 164 欧元至 516 欧元罚金。 ②入室行窃：1 年至 6 年有期徒刑和 309 欧元至 1 302 欧元罚金。 ③加重情节：1 年至 6 年有期徒刑和 103 欧元至 1 302 欧元罚金。 ④减轻情节：在 1/3 至 1/2 的幅度内减轻刑罚。 ⑤告诉才处罚的盗窃：1 年以下有期徒刑或者 206 欧元以下罚金。 ⑥窃取共有物的处罚：2 年以下有期徒刑或者 20 欧元至 206 欧元罚金	①重罪主刑：无期徒刑、有期徒刑、罚金。 ②违警罪主刑：拘役、罚款。 ③重罪附加刑：褫夺公职、禁止从事某一职业或技艺、法定禁治产、禁止担任法人及企业的领导职务、剥夺与公共行政部门签约的权能、消除职务或劳动关系、终止或者暂停行使父母权。 ④违警罪附加刑：停止从事某一职业或技艺；停止担任法人和企业的领导职务

续表

国家	盗窃罪法定刑罚幅度	法定刑罚种类
法国	①一般情形：3年监禁并科45 000欧元罚金。②一般加重情形：5年监禁并科75 000欧元罚金。盗窃之前、同时或之后使用暴力，引起他人死亡或者使用酷刑或野蛮行为的，处无期徒刑	①重罪刑罚：自然人，无期徒刑或终身拘押、有期徒刑或有期拘押、罚金。②轻罪刑罚：自然人，监禁、罚金、日罚金、公共利益劳动。③附加刑：暂时吊销驾照、禁止驾驶车辆、撤销驾照、没收车辆、禁止持有或携带须经许可的武器、没收实行犯罪之物、禁止签发支票及用信用卡付款、禁止从事某种职业或社会活动、禁止公民权、民事权与亲权、禁止居留、禁止入境（适用于外国人）等
俄罗斯	一般情形：8万卢布以下或被判刑人6个月以下的工资或其他收入的罚金，或处180小时以下的强制性社会公益劳动，或处6个月以上1年以下的劳动改造，或处2个月以上4个月以下的拘役，或处2年以下的剥夺自由	罚金，剥夺担任一定职务或从事某种活动的权利，剥夺专门称号、军衔、荣誉称号、职衔、国家奖励，强制性社会公益劳动，劳动改造，限制军职，限制自由，拘役，军纪营管束，一定期限的剥夺自由，终身剥夺自由，死刑
日本	一般情形：10年以下惩役或者50万日元以下罚金	①主刑：死刑、惩役、禁锢、罚金、拘留、科料。②附加刑：没收
瑞士	①一般情形：5年以下重惩役或者监禁刑。②职业犯：10年以下监禁刑或3个月以上监禁刑。	①主刑：自由刑（重惩役、监禁刑、拘役刑）、保安处分、罚金刑。②附加刑：不得担任公职、剥夺教养权和监护权、禁止执业或禁止经商、驱逐出境（外国人）、禁止进

续表

国家	盗窃罪法定刑罚幅度	法定刑罚种类
	③加重情形：10年以下重惩役或6个月以上监禁刑	酒店、和平担保、保安没收、没收财产价值等
瑞典	①一般情形：2年以下监禁。 ②轻盗窃罪：罚金或6个月以下监禁。 ③重盗窃罪：6个月以上6年以下监禁	①主刑：罚金、监禁。 ②附条件之刑：社区服务、修复、弥补损害
中国	一般情形：处3年以下有期徒刑、拘役或者管制，并处或者单处罚金；数额巨大或者有其他严重情节的，处3年以上10年以下有期徒刑，并处罚金；数额特别巨大或者有其他特别严重情节的，处10年以上有期徒刑或者无期徒刑，并处罚金或者没收财产	①主刑：管制、拘役、有期徒刑、无期徒刑。 ②附加刑：罚金、剥夺政治权利、没收财产、驱逐出境（适用于外国人）

将中国和上述国家关于盗窃罪的法定刑和刑罚种类进行比较可以发现：

第一，我国对盗窃罪的处罚明显过重。从对犯罪的量刑幅度分析，前述外国刑法对盗窃罪的量刑相对较重，例如，《德国刑法典》第331条第1款规定公务员受贿罪处3年以下自由刑或罚金刑，而盗窃罪的一般情形为5年以下自由刑或罚金刑。同样在实施犯罪分层的国家，基于盗窃罪是对道德和秩序的双重违反，也把盗窃罪视为较严重的犯罪，如法国和意大利等国都没有将盗窃罪纳入违警罪的处罚范畴。但和我国相比，国外对盗窃罪的处罚则轻了很多。我国对盗窃罪的处罚虽然有拘役、管制和单处罚金刑，但最高是无期徒刑，这在国外刑法中是极为罕见的。虽然法国盗窃罪最高也可以处无期徒刑，但仅限于盗窃之前、同时或之后使用暴力，引起他人死亡，或者使用酷刑或野蛮行为的情形，这种情形在中国属于抢劫或者转化型抢劫，最高可判处死刑。

虽然各国对盗窃罪的处罚都较为严厉，但是从刑罚种类而言，基本上都适用有期徒刑和罚金刑等，极少适用无期徒刑。我国对盗窃罪的处罚则明显过重，有进一步减轻刑罚，实现量刑轻缓化的空间。

第二，我国的刑罚种类较单调，体现出报应有余、教育不足的缺点。实行盗窃罪一元制治理模式，刑法的惩罚法性质将进一步弱化，保护法的性质将逐渐凸显，但现有的刑罚过于严厉，刑罚种类单调，不足以担负刑法保护法的使命。中国目前的刑罚结构是以死刑、自由刑为中心，从世界范围内看，属于重刑结构，甚至超重刑结构。[1]首先，保留并广泛适用死刑。虽然《刑法修正案（八）》取消了13个罪名的死刑，《刑法修正案（九）》取消了9个罪名的死刑，但目前仍有46个罪名可以适用死刑，其中除了故意杀人、故意伤害、强奸等恶性犯罪，大多数适用死刑的是世界上保留死刑的国家也不适用死刑的非暴力犯罪。[2]其次，广泛适用自由刑。刑法分则对每一种犯罪都配置有自由刑，其中配置无期徒刑的罪名有99个，[3]配置3年以上长期自由刑的罪名在刑法中占绝大多数。最后，非监禁

---

[1] 参见陈兴良："刑罚改革论纲"，载《法学家》2006年第1期。
[2] 参见赵秉志："当代中国刑罚制度改革论纲"，载《中国法学》2008年第3期。
[3] 参见邓文莉："'两极化'刑事政策下的刑罚制度改革设想"，载《法律科学（西北政法学院学报）》2007年第3期。

刑在刑罚结构中占次要地位。刑法规定的非监禁刑，包括一种主刑、三种附加刑。五种主刑中，只有管制属于非监禁刑。作为主刑中唯一的非监禁刑，管制在刑法中的适用范围是非常有限的。在刑法分则325个规定法定刑的条文中，可适用管制的条文有87个，仅占总数的26.8%。[1]管制在立法中的适用范围有限，在司法中由于受重刑主义影响，适用范围就更为有限，甚至到了名存实亡的地步。有的法院连续多年都无一例判处管制的案件。除作为主刑的管制外，作为附加刑的罚金、剥夺政治权利和没收财产三种非监禁刑，不仅在刑法中的地位低，适用范围也十分有限。此外，虽然《中华人民共和国社区矫正法》已实施，但与之配套的非监禁措施还不够成熟。相比较而言，在国外很多国家的刑法中，非监禁刑或非监禁措施的种类繁多。例如，意大利刑法中规定的非监禁刑或非监禁措施包括五类：其一，主刑中的非监禁刑，包括罚金和罚款。其二，附加刑中的非监禁刑，包括三小类，第一类是针对重罪的非监禁刑，包括褫夺公职，禁止从事某一职业或技艺，法定禁治产，禁止担任法人及企业的领导职务，剥夺与公共行政部门签约的权能，消除职务或劳动关系，终止或者暂停行使父母权。第二类是针对轻罪的附加刑，包括停止从事某一职业或技艺，停止担任法人和企业的领导职务。第三类是针对重罪与违警罪共同使用的附加刑，即公布刑事处罚判决。其三，民事制裁，包括返还和赔偿损失两种。其四，保安处分，分为人身保安处分和财产保安处分，前者包含监视自由，禁止在一个或数个市镇、一省或数省逗留，禁止去酒店和出售含有酒精饮料的公共店铺，将外国人驱逐出境；后者包括交纳善行保证金和没收财产。其五，

---

[1] 参见陈兴良主编：《刑种通论》（第二版），中国人民大学出版社2007年版，第218—219页。

其他非监禁措施，包括交纳保证金、缓刑、假释、大赦、特赦、司法宽免等。[1] 比较和借鉴国外合理的立法举措，我们在对盗窃罪的刑事处罚方面，可以做以下改进。

首先，减轻盗窃罪的处罚。刑法由惩罚法变为保护法的过程中，在伴随犯罪圈扩大的同时，必然进行刑罚轻缓化的改进，即刑法向着大而轻的方向发展。既然我国刑法具有扩张犯罪圈的需要，且轻重犯罪不均衡的问题是由刑法所采取的"重罪重刑"式的刑法结构所致，就应该针对这一问题扩充刑法中的轻罪数量。[2] 实行盗窃罪一元制治理模式，扩大了盗窃罪的犯罪圈，也应当降低盗窃罪的刑罚标准。

在《刑法修正案（八）》彻底废除盗窃罪死刑的基础上，应进一步取消盗窃罪中无期徒刑的适用。从严厉程度而言，无期徒刑仅次于死刑，一般情形下适用无期徒刑的都是性质非常严重的犯罪。对于单纯窃取财物而未造成人身伤亡的行为适用无期徒刑，有悖于罪责刑相适应原则，在发达国家刑法立法中也几乎没有对盗窃罪适用无期徒刑的规定。因此，本书建议取消无期徒刑的适用，对于单纯的盗窃罪，最高适用有期徒刑；在盗窃过程中如果出现致人死伤的情形，可以转化适用抢劫罪或者进行数罪并罚。

应扩大罚金刑和管制的适用范围。当前，虽然罚金刑也可以独立适用，但毕竟属于附加刑。对盗窃罪采用一元制治理模式后，扩大罚金刑和非监禁刑——管制——的适用范围，是实行刑罚轻缓化，科学治理盗窃罪的应有之义。因此，笔者认为，

---

〔1〕 参见杨凤宁："走向非监禁刑：从世界刑罚趋势看我国刑罚的改革"，载《云南大学学报（法学版）》2004年第6期。

〔2〕 参见王志祥、韩雪："我国刑法典的轻罪化改造"，载《苏州大学学报（哲学社会科学版）》2015年第1期。

应将罚金刑由附加刑升格为主刑，对于情节轻微的盗窃罪，如果适用罚金刑和管制即足以达到惩治和预防犯罪的效果，则尽量避免适用自由刑。

其次，增加非监禁刑的种类。中国刑法欲扩大非监禁刑的适用范围，首先应增加非监禁刑的种类。建议立法机关考虑增加如下非监禁刑：

社区服务：这是20世纪70年代在西方国家兴起的一种刑罚方法，其内容是法庭判决犯罪人到社区中从事一定的无偿劳动。这种处罚方式由于既尊重了罪犯人格尊严，又促使罪犯增加了社会责任感，被很多国家的刑法采纳。借鉴国外有益的经验，建议中国刑法增加社区服务的刑罚种类，其适用对象可以是未成年犯、偶犯、初犯、轻罪犯和过失犯等。

剥夺资格：目前中国刑法中的资格刑只有剥夺政治权利和驱逐出境两种，而驱逐出境只适用于犯罪的外国人，因此，剥夺政治权利是唯一具有普遍适用性的资格刑。对于某些性质的犯罪人适用剥夺一定有针对性资格的刑罚，可以在不监禁的情况下，达到十分有效地惩治和预防犯罪的目的。因此，建议在保留现有的剥夺政治权利的基础上，在适用《刑法》第72条第2款"禁止犯罪分子在缓刑考验期限内从事特定活动，进入特定区域、场所，接触特定的人"的同时，增加资格刑的种类，对于多次盗窃或者以盗窃为业的人，剥夺一定时间内在一个城市或一定地域内居留的资格，剥夺荣誉或称号，剥夺监护权，剥夺与公共行政部门签约权等，对于单位犯罪还可增加停业整顿、刑事破产。[1]

---

〔1〕 参见郑丽萍："中国刑罚改革的系统性思路与进路"，载《法学评论》2010年第6期。

第二节 前科消灭制度的设立

一、前科消灭制度设立的必要性

在现代社会治理中,刑罚只是社会治理的一个环节,绝不是最终的治理目标。通过刑罚的执行,使犯罪人得到改造、教育,能够顺利重返社会,不再实施犯罪,这才是刑罚的最终目的。在我国刑法降低犯罪门槛,扩大犯罪圈的同时,将出现大量的轻罪、微罪,作为保护法的刑法,在刑罚执行完毕后,不应当给犯罪人重返社会留下障碍,特别是对轻罪、微罪的犯罪者。对盗窃罪进行一元制治理,是为了保护公民权利,而在我国当前的法律制度下,一元制治理模式面临一个重大的障碍——前科制度。前科制度的存在,使得犯罪人不管其罪行多么轻微,一生都将背负前科记录,对其后续学习、工作及其他权利都会产生不利的附随影响。在二元制治理模式下,治安管理处罚固然有很多缺点,但不会保留前科,所以,对于行为人而言,哪怕治安管理处罚比刑罚处罚重,他们也愿意接受治安管理处罚。基于此,在推行一元制治理模式的同时,对于轻微的盗窃罪应当建立前科消灭制度,以切实保护行为人的合法权益,否则,一元制治理模式不仅不能保护其权益,反而会将行为人置于更不利的境地。

目前我国的法律对有犯罪前科的人进行了诸多限制,极不利于这些人重返社会。除了《刑法》第 100 条的前科报告义务,《中华人民共和国法官法》、《中华人民共和国检察官法》、《中华人民共和国人民警察法》均规定"因犯罪受过刑事处罚的"不得担任法官、检察官、人民警察。《中华人民共和国律师法》规定了因故意犯罪受过刑事处罚的不予颁发律师执业证书。《中华人民共和国教师法》《中华人民共和国会计法》分别规定了"受到剥夺政治权利或者故意犯罪受到有期徒刑以上刑事处罚的,不能取得教师资格;已经取得教师资格的,丧失教师资格","因……与会计职务有关的违法行为被依法追究刑事责任的人员,不得再从事会计工作"。《中华人民共和国公司法》《中华人民共和国执业医师法》《中华人民共和国证券法》中也有因犯相关罪被判处刑罚,执行期满后一定期间内不得担任公司董事、监事、经理,不予注册、不得担任证券交易所的负责人的规定。可见,当前的法律制度对有犯罪前科的人持一种排斥、否定的态度。如果刑法在扩大犯罪圈的同时,不能妥善解决前科问题,刑法由惩罚法向保护法的转型必将失败,通过扩大犯罪圈限制警察权、提升司法权、保障公民权利的目标也将落空。因此,前科消灭便成为一个必须要妥善解决的问题。

前科消灭制度,又称取消刑事污点制度,发源于法国,充分发展于德国,是刑罚理论中一项重要的制度。关于前科消灭,世界各国刑法中的提法很多,或称为刑罚失效,或称为注销记录,或称为复权。总之,它们都是指曾被定罪或者判刑的人,在具备法定条件时,注销其犯罪记录的制度。[1]也有学者认为,犯罪记录和前科之间的关系是一种特殊的前提与结果、评价与被评价的关系:犯罪记录客观地记载了行为人的犯罪事实及其承担的相应的法律后果,前科则是基于犯罪记录的存在而导致的规范性评价。[2]笔者认为,犯罪记录的存在必然导致规范性评价,但这种评价不能称为前科,因为前科的本意是犯过罪的人所处的一种法律状态,这种状态是通过犯罪记录呈现出来的。

---

[1] 参见房清侠:"前科消灭制度研究",载《法学研究》2001年第4期。
[2] 参见于志刚:"'犯罪记录'和'前科'混淆性认识的批判性思考",载《法学研究》2010年第3期。

所以，前科消灭就是犯罪记录的消灭。国外学者大多也持此观点，如日本刑法学家认为，所谓前科消灭，就是从犯人名册中删除有前科者的名字。[1]德国刑法学家也认为前科消灭是记载事项的消除[2]。

前科保留在各国刑法史上几乎都可见其踪影，但随着社会的进步，人们逐渐意识到，前科保留不利于犯罪人再社会化，不利于现代社会对犯罪的治理，其负面效应远远大于其积极作用。因此，近些年来，前科消灭越来越引起人们的重视并被多国通过立法予以确认。例如，《法国刑法典》第133-13条规定："被判刑的自然人，在以下确定的期限内，未再次被判处任何重罪或轻罪之刑罚者，自然得到恢复权利：1.对被判处罚金、日罚金刑，自支付罚金或日罚金总额，民事拘禁期满或第131-25条所规定的拘禁期限届满或完成时效之日起，3年期限之后；2.对于单一判处不超过1年监禁，或者判处除徒刑、拘押、监禁、罚金或按日罚金刑之外的其他刑罚，自刑罚执行或完成时效起，5年期限之后；3.对单一判处不超过10年之监禁，或者对多次被判监禁，总刑期不超过5年者，自服刑期满或完成时效之日起，10年期限之后。"[3]《俄罗斯联邦刑法典》第86条规定："被判缓刑的人，考验期届满；被判处比剥夺自由刑更轻刑种的人，服刑期满后过1年；因轻罪或中等严重的犯罪被判处剥夺自由的人，服刑期满后过8年；因特别严重的犯罪被判处剥夺

---

[1] 参见[日]大谷实著，黎宏译：《刑法讲义总论》（新版第2版），中国人民大学出版社2008年版，第486页。

[2] 参见[德]汉斯·海因里希·耶塞克、托马斯·魏根特著，徐久生译：《德国刑法教科书（总论）》，中国法制出版社2001年版，第1101—1102页。

[3] 参见罗结珍译：《法国刑法典》，中国人民公安大学出版社1995年版，第46页。

自由的人,服刑期满后过 8 年,可予以消灭前科。"[1]《韩国刑法典》第 81 条规定:"被判处劳役、徒刑的人在刑罚执行完毕或赦免后,没有再被判处资格刑以上的刑罚经过 7 年,并且补偿了被害人的损失,依其申请可宣告刑罚失效。"[2]此外,《蒙古刑法典》第 52 条、《瑞士联邦刑法典》第 80 条、《意大利军事刑法典》第 70 条、《阿尔巴尼亚刑法》第 56 条、《朝鲜刑法》第 62 条等对前科消灭也做了界定。[3]

二、我国前科消灭制度"难产"的现实原因

在我国,前科消灭制度迟迟不能诞生,有诸多的原因,但最重要的一点是,传统思想束缚了立法前进的步伐。长期以来,"杀人者死,伤人及盗抵罪"的报应刑思想既被社会管理者广为宣传,也被广大民众普遍接受,所以当一项新的制度突破这种报应刑思想时,不管对于立法者还是普通民众,在法感情上都是一种挑战。纵观我国的刑罚史,报应刑思想一直占据主导地位,而社会防卫的思想却没有得以普及。回顾我国刑罚史,可以发现这样一个事实:前科保留制度早就存在了,只是早先的前科和现在的前科记录在案不同,它是记录在犯罪者身上。西周时期的《吕刑》就规定了比较完整的刑罚体系"五刑",即墨、劓、刖、宫、大辟。其中,墨、劓、刖、宫除了有刑罚惩罚的意思,还起到前科记录的作用,让人们知道此人是受过刑罚处罚的人。秦代规定有耻辱刑:髡(剃去头发和鬓须)和耐

---

[1] 参见黄道秀译:《俄罗斯联邦刑法典》,中国法制出版社 2004 年版,第 39 页。

[2] 参见李维娜:"论我国前科消灭制度的构建",载《河北法学》2003 年第 4 期。

[3] 参见赵秉志主编:《刑罚总论问题探索》,法律出版社 2003 年版,第 641—642 页。

（只剃鬓须）。宋代有黥刺刑，即在人的耳后、背、额、面等部位刺字。明朝也常对罪犯实施剠刑、刺字等刑罚。在清朝，刺字也是一种常用的附加刑。可见，在近代以前，对于非死刑的犯罪人，轻则刺字，重则伤残身体，在他们因犯罪被执行完刑罚以后，因犯罪而留下的"标签"也要伴随其终生。社会发展到今天，虽然肉刑已被完全废止，但是，前科保留的观念在刑罚执行中依然在发挥作用，只是前科不再保留在犯罪人身上，而是记录在个人档案上。这背后的思想渊源依然是长期形成的传统报应刑思想，而阙如社会防卫的思想。刑罚除了预防、制裁犯罪，同时还必须考虑防止社会成员自身陷入犯罪，对于犯罪人而言，应当按照其反社会性与人身危险性的大小来决定防卫措施，对犯人进行必要的教育、治理，采取以达到社会化为目的的社会防卫措施。[1]对于触犯轻罪、微罪的犯罪人的惩罚不能仅停留在过去的已然之罪，重点应当消除其人身危险性，实现其再社会化。如果未成年犯罪人在刑罚执行完后一定期限内没有再犯罪，可以视为其人身危险性和反社会性已消失或基本得到控制，法律上应当给予其和未犯过罪的人同样的权利。如果没有前科消灭制度，就会使轻罪、微罪的犯罪人承受过于苛刻的负担，并且妨碍他们改善更生、复归社会。[2]

三、前科消灭的条件

前科消灭的条件在大部分国家分为形式条件和实质条件。前科消灭的形式条件是指前科消灭所要经过的期间。不同的犯

---

[1] 参见[日]木村龟二主编，顾肖荣等译：《刑法学词典》，上海翻译出版公司1991年版，413—415页。

[2] 参见马克昌：《比较刑法原理：外国刑法学总论》，武汉大学出版社2002年版，第953页。

罪情形应该有不同的期间。这些情形包括：一是，对受有罪宣告而未判处刑罚的前科消灭规定所需经过的时间；二是，对被判处缓刑的前科消灭规定适当的所需经过的时间；三是，对单独判处附加刑的前科消灭规定适当的所需经过的时间；四是，对被判处刑罚且执行完毕或被赦免、假释的前科消灭规定适当的所需经过的时间，具体应根据原判刑罚的种类、轻重确定几个不同档次的所需经过时间。[1]

关于前科消灭的期间，参照其他国家和地区的规定，笔者认为，可做如下规定：被判处3年以下有期徒刑、拘役、管制的，定罪免刑的，被剥夺政治权利的，被单处罚金、没收财产的，期满后1年前科消灭；被判处3年以上不满10年有期徒刑的，刑罚执行完毕后或被赦免、假释之日起5年前科消灭；被判处10年以上有期徒刑的，以及被判处死刑缓期执行、无期徒刑，后减为有期徒刑的，有期徒刑执行完毕后或被赦免之日起10年前科消灭。另外，为了最大限度地发挥前科消灭的作用，鼓励未成年犯罪人尽早悔过自新，对于表现突出和有重大贡献的，可以在消灭期间届满前向法院申请撤销前科，而不受前述时间的限制。

前科消灭的实质条件是有前科者在前科消灭所要经过的期间内未实施新的犯罪。实质条件在决定前科能否消灭方面起着至关重要的作用。有的学者认为，前科消灭的实质要件不仅要求有前科者没有再犯罪，还要求没有实施其他比较严重的违法行为。[2] 笔者认为，前科消灭制度设立的目的是消除罪犯的犯

---

[1] 参见马克昌主编：《刑罚通论》（根据1997年刑法修订），武汉大学出版社1999年版，第714页。

[2] 参见马克昌主编：《刑罚通论》（根据1997年刑法修订），武汉大学出版社1999年版，第715页。

罪记录，恢复因为这些犯罪记录而丧失的资格和权利，使其和其他守法公民一样工作、生活。所以，在设置排除适用前科消灭制度的条件时，不能过于苛刻，如果在"未犯新罪"之外再设"没有实施其他比较严重的违法行为"这一条件，不仅会使认定"严重的违法行为"本身有分歧，还会给犯罪人前科消灭制度的贯彻设置羁跸，最终不利于轻微犯罪人的再社会化。再者，比较严重的违法行为包括犯罪行为和其他违法行为，也就是说实施其他比较严重的违法行为和再犯新罪有一部分是重合的，未重合部分就是没构成犯罪的那部分，对这部分行为至多负民事或行政责任。以负民事或行政责任来排除刑法的适用，有本末倒置之嫌。所以，前科消灭的实质条件只规定有前科者在法定期间内未犯新罪就可以了。

四、前科消灭制度的建构

（一）前科消灭制度在刑法中的位阶

我国《刑法》第 100 条规定了前科报告制度，这一规定有待检讨。首先，从立法论的角度分析，这种规定不符合刑法规范结构的要求，刑法规定行为的同时必须规定制裁或者后果，而该条规定却没有规定后果。如果不报告前科，将受到什么惩罚？其次，前科报告会使部分原本可改造的犯罪人，因为被贴上了"罪犯"的标签，再社会化的渠道堵塞，不能正常就业，唯一的出路就是再次实施犯罪，从而在犯罪的泥潭中越陷越深。[1] 基于此，笔者认为，应将《刑法》第 100 条的前科报告制度改为前科消灭制度，法条主要内容为本书已论及的适用对象、形

---

[1] 参见陈晶："关于建构未成年人前科消灭制度的思考"，载《福建师范大学福清分校学报》2005 年第 1 期。

式条件和实质条件。[1]

(二) 关于特别累犯的考虑

我国刑法规定了一般累犯和特别累犯,累犯是一项对行为人加重处罚的制度。累犯的加重处罚,主要是由于犯罪人的刑罚反应力薄弱,必须再延长其矫正期间,借此协助其重返社会,同时亦兼顾社会防卫的效果。[2]但是累犯与前科消灭的规定有互斥性。就前科消灭的本质而言,所有的犯罪人都应该有前科消灭的机会,如果刑法教育成功,犯罪人能够不再实施犯罪,其此前的犯罪记录不应该成为再社会化的障碍。因此,从应然的角度讲,特别累犯的规定是值得反思的。但刑法把危害国家安全犯罪、恐怖活动犯罪、黑社会性质组织犯罪这三类犯罪纳入特别累犯,是基于这三类犯罪对社会的巨大危害,从当前的中国实际出发,完全废除特别累犯是不太现实的。因此,对于特别累犯,可以暂时不适用前科消灭制度,但需要对特别累犯的时间期限进行限制,可以像一般累犯一样规定一个确定的有限时间,即只要在该规定的时间内没有再犯这三类罪,就不构成特别累犯。这样修改的目的是为所有犯罪适用前科消灭制度做前期工作。

(三) 关于《刑法》第356条的修正

《刑法》第356条规定:"因走私、贩卖、运输、制造、非法持有毒品罪被判过刑,又犯本节规定之罪的,从重处罚。"这可谓是一条特殊累犯的规定,和《刑法》第66条有关特别累犯的规定一样严厉。该条规定和当时的社会环境有关。1997年

---

[1] 参见刘传稿:"论未成年人前科消灭制度的设立",载《云南社会科学》2013年第5期。

[2] 参见余振华:《刑法总论》,三民书局股份有限公司2011年版,第508页。

《刑法》修订前后，正值中国毒品犯罪再次泛滥、毒品走私屡禁不止之际，加上南部几个省份紧靠世界著名毒品生产基地"金三角"，也增加了打击毒品犯罪的难度。国家为了有效地打击毒品犯罪活动，威慑及严惩毒品犯罪分子，才做了如此规定。但是，在个罪中做出类似特别累犯的规定，其合理性就值得怀疑。况且现在国家对毒品犯罪的治理水平较20世纪90年代已明显提高，治理效果也逐步显现。因此，笔者认为，应当对该条的规定予以修正，删除"从重处罚"的规定；如果确实想保持对毒品犯罪的高压态势，可以通过调整法定刑完善法条内容。

(四) 部分微罪无须记录前科

实行一元制治理模式后，原盗窃治安案件都将划入刑事犯罪的范畴，其中，对于盗窃数额不大，可适用管制、单处罚金的初次盗窃行为，不应当记录其犯罪前科。之所以如此，主要是出于以下考虑：其一，有利于保障行为人的合法权利。实行一元制治理模式的目的在于保障犯罪人的合法权利，同时限制警察权、提升司法权。治安管理处罚法中的盗窃治安案件转为刑事案件后，行为人所受惩罚的程度不应重于原来的治安管理处罚，否则会与一元制治理的目的相悖。其二，有利于刑罚的轻缓化。盗窃治安案件转化为刑事案件后，原来的罚款可以转为单处罚金，原来的治安拘留可以转化为管制（因为拘役最短为一个月而不可能适用），除了单处罚金和管制，也可以适用新增加的其他非羁押措施，例如社区服务等。同时，原来刑法中被单处罚金或管制的盗窃刑事案件也将不再记录其前科，总体上实现了刑罚的轻缓化。其三，有利于刑事一体化。"三分原则"是新时代刑事一体化的新要求。将盗窃案件的微罪部分免于前科记录，有利于实体法上的轻重分离，也有利于后续程序法上的繁简分流和快慢分道。

(五) 刑事诉讼法的调整

如果刑法对前科消灭制度做了实体上的规定，刑事诉讼法则应从程序上进行相应的对接和规范，对前科消灭的申请主体、申请方式、执行机关、消灭程序等进行详细规定。当前，应当在《刑事诉讼法》第 286 条未成年人犯罪记录封存制度的基础上，建立未成年人前科消灭制度。同时，构建成年人轻微犯罪的前科消灭制度。出于对未成年人的特殊保护，对未成年人适用前科消灭制度的范围可以更大一些。

第三节 刑罚执行制度的完善

长期以来，我国司法实践中轻刑与重刑的分界线是 5 年有期徒刑，在所有被判决有罪的罪犯中，被判 5 年以上有期徒刑、无期徒刑乃至死刑的罪犯称为重刑犯，重刑犯在所有犯罪中的占比叫重刑率。判处 5 年以下有期徒刑、拘役、管制、定罪免刑的罪犯，所有的加总，称为轻刑犯，轻刑犯在犯罪中的占比叫轻刑率。自从 2011 年开始，最高司法机关才开始以 3 年有期徒刑为界区分重刑和轻刑。近些年来，我国严重暴力犯罪的犯罪率逐年下降，重刑率也在下降。与此同时，我国轻微犯罪数量大幅度上涨，轻刑率也在稳步提升。本书统计了 2004 年至 2019 年我国缓刑人数以及缓刑人数在年度生效判决数量中的比重。

表 13 我国生效判决被告人处理情况

年份	本期生效判决数量（人）	缓刑人数	缓刑人数占比
2004	767 951	154 429	20.11%
2005	844 717	184 366	21.83%

续表

年份	本期生效判决数量（人）	缓刑人数	缓刑人数占比
2006	890 755	206 541	23.19%
2007	933 156	227 959	24.43%
2008	1 008 677	249 111	24.7%
2009	997 872	250 635	25.12%
2010	1 007 419	265 230	26.33%
2011	1 051 638	309 297	29.41%
2012	1 174 133	355 302	30.26%
2013	1 158 609	356 523	30.77%
2014	1 184 562	368 129	31.08%
2015	1 232 695	363 517	29.49%
2016	1 220 645	266 321	21.82%
2017	1 270 141	347 989	27.4%
2018	1 430 091	401 127	28.05%
2019	1 661 235	409 103	24.63%

由上表可知，在每年的生效刑事判决中，2004年至2014年缓刑人数占比是逐步提升的，这也说明我国刑罚的轻缓化在逐步推进。刑事判决生效后，刑罚的执行便成为应当考虑的问题，因为刑罚的执行过程也是对犯罪人的矫正和教育过程，对犯罪人起着重要的作用。虽然2004年至2014年我国的缓刑比例在上升，但与国外相比，我国大部分犯罪人仍然要在监管场所服刑，而在设施外执行的比例还比较低。目前，对适用缓刑的，要适用社区矫正。因此，以后将会有越来越多的犯罪人进行社区矫正，我们在改革设施内刑罚执行的同时，也要关注社区矫正等设施外刑罚的执行。从2003年开始试行的社区矫正制度，已经

吸纳了相当数量的犯罪人，2014年底，我国监狱服刑人员大概170万人[1]；从2003年到2019年底，实行社区矫正的累计已达478万人，解除社区矫正的已超过411万人。[2]2020年7月1日实施的《中华人民共和国社区矫正法》使社区矫正进一步规范化。下一步，可以考虑如何让社会力量充分参与进来，社区矫正的内容如何丰富和进一步落实。对于犯罪治理，不应是国家包办，还应当整合社会力量，实行国家和社会共同治理。实施一元制治理模式，主要是增加轻微犯罪，建立科学有效的刑罚执行制度，特别是设施外处遇制度，其是应对大量轻微犯罪的有效举措。完善刑罚执行制度，能够推进刑罚适用宽缓化和刑罚执行严格化。

第四节 多层次诉讼体系的构建

犯罪分层的首要目标是规定科学的犯罪体系，实现实体法层面的轻重犯罪分离；然后和刑事诉讼法不同的诉讼制度进行衔接，由轻重分离到快慢分道；最后实现刑事一体化语境下的刑事案件繁简分流，推进犯罪治理体系和治理能力的现代化。此处的刑事一体化并非"犯罪——刑事政策——刑法"整体刑法学思想，而是狭义上的刑法运作的刑事一体化，主要指罪刑关系以及刑法与刑事诉讼法的关系。[3]刑法和刑事诉讼法的衔接，具体可从以下层面入手：

第一，与不同诉讼程序的衔接。根据2018年修正的《刑事

---

[1] 参见张荆主编：《海峡两岸社区矫正制度建设研究》，法律出版社2016年版，第66页。

[2] 刘武俊："社区矫正法彰显宽严相济和刚柔并济"，载《民主与法制时报》2020年1月4日第2版。

[3] 参见储槐植：《刑事一体化论要》，北京大学出版社2007年版，第25—26页。

诉讼法》的规定，诉讼程序有普通程序、简易程序和速裁程序三类，另规定了认罪认罚从宽制度。表面上看，这次《刑事诉讼法》修正设置了多个诉讼程序，实现了程序法层面的快慢分道，但实际上并未有效缓解诉讼压力。因为刑事案件的繁简分流应该通过刑事一体化的方式从实体法和程序法层面同时进行，第一次分流是刑法层面的轻重分离，这是源头性问题；第二次分流是刑事诉讼法层面的快慢分道，这是程序性问题。但由于我国刑法没有进行轻重犯罪分离，为了缓解诉讼的压力，刑事诉讼法只好在程序方面进行唯一一次分流。这种仅通过刑事诉讼法设置不同程序进行快慢分道的做法，缺乏刑事一体化视角的分流，在程序设置时就会比较保守，并且在不同程序适用标准上只能选择形式标准，如速裁程序的适用条件之一就是3年有期徒刑这一形式标准。司法实践证明，缺乏刑法层面的轻重犯罪分离，只在程序法层面实行快慢分道，并不能有效解决繁简分流问题。为了缓解诉讼压力，多地司法机关又在探索其他的诉讼模式，如刑拘直诉制度，但该制度因缺乏规范支持、弱化检察监督职能、滥用刑事拘留权等弊端[1]而受到广泛的质疑和批评。其实，微罪、轻罪和重罪因为社会危害性不同、类型不同，仅通过程序法是难以彻底解决问题的。刑法层面轻重犯罪分离以后，刑事诉讼法根据刑法规定的不同类型的犯罪，设置和优化诉讼程序，这样的快慢分道才是彻底的、科学的。在轻重犯罪分离以后，刑事诉讼法应当进行相应的变革：其一，在程序适用方面，不再以形式标准作为适用速裁程序的条件，而改用实质标准。具体而言，对于微罪全部适用速裁程序；对于轻罪，原则适用速裁程序，例外适用简易程序；对于重罪，

---

[1] 参见顾顺生、刘法泽："'刑拘直诉'的方式值得商榷"，载《人民检察》2016年第20期。

适用普通程序或简易程序。其二，进一步优化速裁程序和简易程序的相关规则。对于微罪，原则上不适用刑事拘留的强制措施；在案件办理期限上，进一步缩短移送审查起诉和提起公诉的时间。为了保障当事人的合法权利，对于可能判处拘役的微罪案件且犯罪嫌疑人（被告人）没有辩护律师的，司法机关应安排值班律师或者法律援助律师。另外，对于判处缓刑、单处管制和小额罚金的轻罪和微罪案件，在被告人认罪认罚的情形下，一审法院可探索适用书面审。其三，设置微罪的证明标准。证明标准是一个重要且敏感的诉讼问题，在轻重犯罪分离的语境下，微罪的社会危害性小，主要为了保护社会法益而设置，而且以法定犯为主，大部分微罪没有具体被害人，刑罚也比较轻，因此，可以比较重罪和轻罪的证据规则，适度降低微罪的证明标准。对于当事人认罪认罚或者被现场抓获的案件，可以进一步采取差异化的证明方式，证据能够证明案件的主要事实即可，该证明标准可以降低"排除合理怀疑"的现实难度。[1]其四，设置专门的微罪法庭，由专门的法官处置微罪案件。目前，尽管刑事诉讼法规定了不同的诉讼程序，但实践中，大部分法院和检察机关并没有对轻重犯罪进行办理中的分类，同一名法官或检察官往往会同时办理重罪案件和轻罪案件。在犯罪分层语境下，对于大量的轻罪和微罪案件，应当建立不同的办案部门，特别是对于微罪案件，在侦查和检察环节，分别设置微罪侦查和检察部门，法院设置微罪法庭，从实体到程序，从认定到裁决，实现多层次分流。

第二，完善相对不起诉制度。目前，检察机关的主要作用是提起诉讼，相对不起诉比例太低，检察机关的法律监督作用

---

〔1〕 参见李小东："认罪认罚从宽制度证明标准差异化的实证研究"，载《中国刑事法杂志》2019 年第 3 期。

没有得到充分发挥。例如，2019 年，在认罪认罚案件中，法院判处缓刑、免除刑事处罚的比例在 40% 左右，但全国检察机关适用认罪认罚从宽制度做出相对不起诉处理的比例不到 10%。[1] 相比之下，德国 2015 年由检察机关处理的（区法院和州法院）刑事诉讼案件中，提起刑事公诉的案件占比仅为 8.6%，检察机关适用不起诉制度和向法院申请适用处罚令程序的比例分别为 58.9% 和 10.9%。[2] 既然检察机关有权提出精准量刑建议，而且绝大部分量刑建议最终被法院采纳，[3] 那么，检察机关完全可以进一步提高相对不起诉的适用率。其实，刑事诉讼不应仅是有罪的认定过程，还应当是一个无罪的排除过程和犯罪情节轻微的宽恕过程。完善相对不起诉制度，提高相对不起诉率，是出罪的一个重要方式，可以有效解决我国刑事诉讼出罪难的问题。因此，对于微罪案件，特别是犯罪嫌疑人认罪认罚的案件，原则上应全部适用相对不起诉制度。对此，可以在适用我国认罪认罚从宽制度的同时，比较借鉴国外辩诉交易中检察机关的权限和作用。辩诉交易在英美法系国家比较盛行，大陆法系国家也通过制定法引入了协商式审判，如意大利、法国、西班牙和波兰等，即便是在起诉权受制于强制起诉的德国，辩诉交易在实践中仍然被广泛适用，例如，一半以上的白领犯罪适用了辩诉交易。[4] 在我国，2018 年修正的《刑事诉讼法》规定

---

[1] 参见岳向阳、吴波："检察机关适用认罪认罚从宽制度实务研究"，载《中国检察官》2020 年第 5 期。

[2] 参见李倩："诉讼分流背景下刑事速裁程序评判——以德国刑事处罚令为参照"，载《中外法学》2020 年第 1 期。

[3] 例如，2021 年上半年，认罪认罚从宽制度适用率超过 85%，检察机关提出的量刑建议采纳率、一审服判率超过 96%。参见徐日丹："认罪认罚从宽量刑建议采纳率超 96%"，载《检察日报》2021 年 7 月 28 日第 2 版。

[4] 参见[德]托马斯·魏根特著，江溯等译：《德国刑事程序法原理》，中国法制出版社 2021 年版，第 211 页。

了认罪认罚从宽制度，检察机关应当充分利用这一制度优势，将宣告缓刑和免予刑事处罚作为控辩协商的内容，[1]对于全部微罪和犯罪情节轻微，依照刑法规定不需要判处刑罚或者免除刑罚的轻罪案件，依法适用不起诉制度。当前，相对不起诉之所以适用较少，一个重要原因是缺乏不起诉的后续治理举措。尽管近些年最高司法机关一直强调"可诉可不诉的不诉"，但现实中这一理念并未得到很好贯彻。对于情节轻微的犯罪行为，检察机关做出不起诉决定后，如果对被不起诉人需要给予行政处罚、处分或者需要没收其违法所得，检察机关可以提出检察意见，如果法律没有规定行政处罚、处分或者没收违法所得，则没有后续的矫正措施。基于此，应当建立不起诉的后续治理机制，对于不起诉的刑事案件，赋予检察机关相应的权限，如适用惩罚性赔偿制度；对于有一定人身危险性但不需定罪的行为，可以规定不起诉考验期，并规定考验的具体内容。这样有利于消除相对不起诉制度不敢用、不能用的隐患，最大限度发挥相对不起诉制度在刑事诉讼中的出罪作用。

---

[1] 参见黄京平："认罪认罚从宽制度的若干实体法问题"，载《中国法学》2017年第5期。

结　语

　　法律是治国之重器，良法是善治之前提。全面推进依法治国，首先要有良法可依。当前，我国对盗窃罪的治理，实行行政违法和刑事违法并存的二元制治理模式，该模式存在一系列结构性、理论性的弊端。因此，建立盗窃罪的一元制治理模式，将违反治安管理处罚法的盗窃行为转变为盗窃罪，降低盗窃罪的犯罪门槛，扩大犯罪圈，是治理盗窃罪的优选路径。这是国际社会犯罪治理发展的趋势，例如，美国虽然目前在刑法中也有"出罪"和"入罪"的调整，但是总体而言，他们的犯罪圈也在扩大，不是在向非犯罪化的方向发展，而是在向犯罪化的方向发展。[1]日本近年来的刑事立法主要表现为犯罪化。在日本，刑法典、单行刑法与行政刑法所规定的犯罪难计其数，即使在中国人看来相对轻微的危害行为，也被规定为犯罪。在中国，只有刑法典与少数单行刑法规定犯罪及其法定刑，不存在行政刑法（其他法律中不规定犯罪与法定刑）。正如日本学者所言：和日本不同，在中国，至少在现阶段，所有的刑罚法规都集中在刑法典之中，而在刑法典之外则几乎看不见，因此，在中国不存在日本所谓的行政刑法。由于刑法上的条文数量很少，乍看之下，中国刑法的处罚范围似乎很广，但实际上则不是如

---

〔1〕　刘强：《美国社区矫正演变史研究——以犯罪刑罚控制为视角》，法律出版社2009年版，273—274页。

此，日本刑法的处罚范围比中国刑法要广泛得多。所以，在非犯罪化方面，中国远比日本进步，这一点必须引起注意。[1]

实际上，近年来我国立法和司法在上调盗窃罪数额标准的同时，也一直在不断尝试通过其他方式降低盗窃罪的犯罪门槛，扩大犯罪圈，将部分原本属于违反治安管理处罚法的盗窃行为入罪，一定程度上呈现出盗窃罪一元制治理模式的发展趋向。在立法方面，2011年《刑法修正案（八）》将入户盗窃、携带凶器盗窃、扒窃等非数额型盗窃入刑。在司法方面，关于盗窃罪中的"多次盗窃"的入罪标准，1998年最高人民法院《关于审理盗窃案件具体应用法律若干问题的解释》第4条规定，一年内入户盗窃或者在公共场所扒窃三次以上，应当认定为"多次盗窃"。2013年，《最高人民法院、最高人民检察院关于办理盗窃刑事案件适用法律若干问题的解释》第3条第1款规定，两年内盗窃三次以上的，应当认定为"多次盗窃"，明显降低了入罪的门槛。降低盗窃罪犯罪门槛的立法、司法实践，是法治进程加快、行政权受到限制的结果，[2]符合法治国家的建设规律。相比行政违法和刑事违法并存的盗窃罪二元制治理模式，一元制治理模式在法治理念、政策制定和权力限制等方面更具有优势。警察权在一个社会中的实际运作状态，在相当程度上标志着这个社会法治文明的发展水平。[3]在二元制治理模式下，警察权存在过度膨胀的弊端，因此应对警察权进行必要的限制，将对盗窃行为的处置由行政违法和刑事违法的二元制治理模式转为仅适用刑事违法的一元制治理模式，将盗窃治安案件转化为

---

[1] 张明楷："日本刑法的发展及其启示"，载《当代法学》2006年第1期。

[2] 卢建平："犯罪门槛下降及其对刑法体系的挑战"，载《法学评论》2014年第6期。

[3] 陈兴良："限权与分权：刑事法治视野中的警察权"，载《法律科学（西北政法学院学报）》2002年第1期。

盗窃刑事案件，进一步实现警察权的司法化，逐步走向法治国家的司法文明。依我国目前法治发展水平以及世界法治发展的规律分析，盗窃罪的一元制治理模式是一种大胆但符合法治理念的设想，甚至可以进一步推测，等到时机成熟时，废止《治安管理处罚法》，将违反该法的行为全部或绝大部分纳入刑法的规制范畴，建立大而全、大而轻的刑法体系，也不是没有可能。在镇压、专政的年代，为了惩治犯罪，司法可以不计成本；但到了法治时代，必须考虑司法成本；到了治理的时代，不仅应该考虑司法成本，还要考虑社会成本。盗窃罪的一元制治理模式，更能体现十八届三中全会关于社会的系统治理、综合治理、源头治理与依法治理的要求，更加符合十八届四中全会所确立的全面推进依法治国、建设社会主义法治国家的发展方向！

  制度设立较为容易，思想的转变则非常困难。盗窃罪的一元制治理模式是刑法发展的一个缩影，也是我国刑事法治发展的前奏，而非问题的全部。制度设立后，刑法思想的转变才是更应该重视的问题。由刑法展开，刑事法治思想的树立任重道远。我们力主建立一元制治理模式，就必须改变对刑法的传统认识，跳出狭义意识形态的钳制。刑法不应仅是专政的工具和惩罚法，它是对公民违反应当普遍遵守的社会规则的一种约束和矫正，除了具有惩戒功能，还具有教育和预防功能。刑法和民法、行政法一样，都意在维护社会秩序，只不过因为行为的性质不同，矫正行为的方式也不同。正是基于对刑法本质、功能的重新定位，我们才能够理解降低犯罪门槛、扩大犯罪圈的必要性和深远意义，这其实是加强包括刑法在内的法律在社会治理中的作用。甚至可以说，扩大犯罪圈，是走向法治文明的一种标志。这样，我们对犯罪也要有新的认识：民法中有侵权和违约，刑法中有犯罪，它们其实都是对社会规则的一种逾越；

犯罪是一种正常的社会现象，不会因为社会形态的改变而销声匿迹，因此，没有必要把犯罪特别是轻微犯罪看得那么严重，讳莫如深。同样，出罪也是一种机制，建立正常的入罪、出罪机制，是社会治理能力增强的表现。出罪机制不科学、不畅通，说明国家对犯罪的本质认识有偏差，或者说明国家的社会治理能力有待提高。建立盗窃罪一元制治理模式，完善相关的配套制度，转变对犯罪和刑罚的传统认识，才能使刑法在全面推进依法治国的进程中发挥积极的作用，确立刑事法治的新局面，实现对犯罪的源头治理、系统治理与综合治理。

参考文献

一、著作类

[1] 卢建平:《刑事政策与刑法变革》,中国人民公安大学出版社 2011 年版。

[2] [法] 米海依尔·戴尔玛斯-马蒂著,卢建平译:《刑事政策的主要体系》,法律出版社 2000 年版。

[3] 胡联合:《转型与犯罪》,中共中央党校出版社 2006 年版。

[4] 张勇:《犯罪数额研究》,中国方正出版社 2004 年版。

[5] 全国人大常委会办公厅研究室编著:《人民代表大会制度建设四十年》,中国民主法制出版社 1991 年版。

[6] 《邓小平文选》(第二卷),人民出版社 1994 年版。

[7] 康树华:《犯罪学——历史·现状·未来》,群众出版社 1998 年版。

[8] [英] 爱德华滋著,沈大銈译,曾尔恕勘校:《汉穆拉比法典》,中国政法大学出版社 2005 年版。

[9] 何勤华、夏菲主编:《西方刑法史》,北京大学出版社 2006 年版。

[10] 世界著名法典汉译丛书编委会编:《十二铜表法》,法律出版社 2000 年版。

[11] 高巍:《盗窃罪基本问题研究》,中国人民公安大学出版社 2011 年版。

[12] 杨春贵等编:《马克思主义著作选编:甲种本》(上),中共中央党校出版社 1994 年版。

[13] 中共中央马克思恩格斯列宁斯大林著作编译局译:《马克思恩格斯全

集》(第 26 卷第 1 册),人民出版社 1995 年版。

[14] 中共中央马克思恩格斯列宁斯大林著作编译局译:《马克思恩格斯全集》(第 4 卷),人民出版社 1995 年版,第 233 页。

[15] 蔡枢衡:《中国刑法史》,中国法制出版社 2005 年版。

[16] 周密:《中国刑法史》,群众出版社 1985 年版。

[17] 张荣铮、刘勇强、金懋初点校:《大清律例》,天津古籍出版社 1993 年版。

[18] 黄源盛纂辑:《晚清民国刑法史料辑注》(上),元照出版有限公司 2010 年版。

[19] 陈汉章等译:《苏俄刑法典》,法律出版社 1956 年版。

[20] 王增润译,陈汉章校:《苏俄刑法典》,法律出版社 1962 年版。

[21] 高铭暄、赵秉志编:《新中国刑法立法文献资料总览》,中国人民公安大学出版社 1998 年版。

[22] 高潮、马建石主编:《中国历代刑法志注译》,吉林人民出版社 1994 版。

[23] 曹子丹等译:《苏联刑法科学史》,法律出版社 1984 年版。

[24] 王志祥:《危险犯研究》,中国人民公安大学出版社 2004 年版。

[25] 张永红:《我国刑法第 13 条"但书"研究》,法律出版社 2004 年版。

[26] 李培林:《社会转型与中国经验》,中国社会科学出版社 2013 年版。

[27] 罗结珍译:《法国刑法典》,中国人民公安大学出版社 1995 年版。

[28] 徐久生、庄敬华译:《德国刑法典》,中国方正出版社 2004 年版。

[29] 张明楷译:《日本刑法典》(第 2 版),法律出版社 2006 年版。

[30] 黄风译注:《最新意大利刑法典》,法律出版社 2007 年版。

[31] 刘涛、柯良栋译:《新加坡刑法》,北京大学出版社 2006 年版。

[32] 储槐植:《美国刑法》(第三版),北京大学出版社 2005 年版。

[33] 高铭暄、马克昌主编:《刑法学》(第五版),北京大学出版社、高等教育出版社 2011 年版。

[34] [日] 大塚仁著,冯军译:《犯罪论的基本问题》,中国政法大学出版社 1993 年版。

[35] 陈兴良:《刑法的价值构造》(第二版),中国人民大学出版社 2006

年版。

[36] 张明楷:《刑法的基础观念》,中国检察出版社 1995 年版。

[37] [意] 贝卡利亚著,黄风译:《论犯罪与刑罚》,中国大百科全书出版社 1993 年版。

[38] 何荣功:《自由秩序与自由刑法理论》,北京大学出版社 2013 年版。

[39] [英] 约翰·密尔著,程崇华译:《论自由》,商务印书馆 1959 年版。

[40] [日] 西原春夫著,顾肖荣、陆一心、谈春兰译:《刑法的根基与哲学》,上海三联书店 1991 年版。

[41] 余振华:《刑法总论》,三民书局股份有限公司 2011 年版。

[42] 李栋:《通过司法限制权力:英格兰司法的成长与宪政的生成》,北京大学出版社 2011 年版。

[43] [德] 罗克辛著,王世洲译:《德国刑法学总论》(第 1 卷),法律出版社 2005 年版。

[44] [德] E. 博登海默著,邓正来译:《法理学:法律哲学与法律方法》,中国政法大学出版社 2017 年版。

[45] 杨宇冠、杨晓春编著:《联合国刑事司法准则》,中国人民公安大学出版社 2003 年版。

[46] 陈家林:《外国刑法通论》,中国人民公安大学出版社 2009 年版。

[47] [德] 克劳思·罗科信著,吴丽琪译:《刑事诉讼法》(第 24 版),法律出版社 2003 年版。

[48] [日] 松尾浩也著,丁相顺译:《日本刑事诉讼法》(上卷,新版),中国人民大学出版社 2005 年版。

[49] 周国文:《刑罚的界限——Joel Feinberg 的"道德界限"与超越》,中国检察出版社 2008 年版。

[50] [法] 马克·安塞尔著,卢建平译:《新刑法理论》,香港天地图书有限公司 1990 年版。

[51] 中国人民大学刑事法律科学研究中心编:《明德刑法学名家讲演录》(第一卷),北京大学出版社 2009 年版。

[52] [英] 彼得·斯坦、约翰·香德著,王献平译:《西方社会的法律价值》,中国人民公安大学出版社 1990 年版。

[53][英]洛克著,叶启芳、瞿菊农译:《政府论》(下篇),商务印书馆1983年版。

[54]储槐植:《刑事一体化论要》,北京大学出版社2007年版。

[55]马克昌、丁慕英主编:《刑法的修改与完善》,人民法院出版社1995年版。

[56]赵路译:《俄罗斯联邦刑事法典》,中国人民公安大学出版社2009年版。

[57][英]霍布豪斯著,朱曾汶译:《自由主义》,商务印书馆1996年版。

[58][法]孟德斯鸠著,张雁深译:《论法的精神(上册)》,商务印书馆1961年版。

[59][美]乔治·凯琳、凯瑟琳·科尔斯著,陈智文译:《破窗效应:失序世界的关键影响力》,生活·读书·新知三联书店2014年版。

[60][美]美国法学会编,刘仁文、王祎等译:《美国模范刑法典及其评注》,法律出版社2005年版。

[61][法]卡斯东·斯特法尼等著,罗结珍译:《法国刑法总论精义》,中国政法大学出版社1998年版。

[62][俄]Н·Ф·库兹涅佐娃、И·М·佳日科娃主编,黄道秀译:《俄罗斯刑法教程(上卷)》,中国法制出版社2002年版。

[63]黄道秀译:《俄罗斯刑法教程》,中国法制出版社2002年版。

[64]赵廷光著:《量刑公正实证研究》,武汉大学出版社2005年版。

[65][美]安德鲁·冯·赫希著,邱兴隆、胡云腾译:《已然之罪还是未然之罪——对犯罪量刑中的该当性与危险性》,中国检察出版社2001年版。

[66]高长见:《轻罪制度研究》,中国政法大学出版社2012年版。

[67]田兴洪:《宽严相济语境下的轻罪刑事政策研究》,法律出版社2010年版。

[68]周振想编著:《刑法学教程》,中国人民公安大学出版社1997年版。

[69]杜雪晶:《轻罪刑事政策的中国图景》,中国法制出版社2013年版。

[70]叶希善:《犯罪分层研究——以刑事政策和刑事立法意义为视角》,中国人民公安大学出版社2008年版。

［71］唐世月：《数额犯论》，法律出版社 2005 年版。
［72］高铭暄主编：《刑法专论》（第二版），高等教育出版社 2006 年版。
［73］《中国刑法词典》编委会编著：《中国刑法词典》，学林出版社 1989 年版。
［74］储槐植、江溯：《美国刑法》（第四版），北京大学出版社 2012 年版。
［75］［日］大谷实著，黎宏译：《刑事政策学》，法律出版社 2000 年版。
［76］马克昌：《比较刑法原理：外国刑法学总论》，武汉大学出版社 2002 年版。
［77］［日］木村龟二主编，顾肖荣等译：《刑法学词典》，上海翻译出版公司 1991 年版。
［78］刘强：《美国社区矫正演变史研究——以犯罪刑罚控制为视角》，法律出版社 2009 年版。
［79］卢建平主编：《中国犯罪治理研究报告》，清华大学出版社 2015 年版。

二、论文类

［1］卢建平："刑事政治与刑事法治随想"，载赵秉志主编：《当代刑事法学新思潮：高铭暄教授、王作富教授八十五华诞暨联袂执教六十周年恭贺文集》（下卷），北京大学出版社 2013 年版。
［2］卢建平："犯罪门槛下降及其对刑法体系的挑战"，载《法学评论》2014 年第 6 期。
［3］何荣功："社会治理'过度刑法化'的法哲学批判"，载《中外法学》2015 年第 2 期。
［4］马仁慧："盗窃刑事立案标准研究"，载《江苏公安专科学校学报》2001 年第 5 期。
［5］刘柱彬："中国古代盗窃罪的产生、成立及处罚"，载《法学评论》1996 年第 6 期。
［6］高铭暄："论四要件犯罪构成理论的合理性暨对中国刑法学体系的坚持"，载《中国法学》2009 年第 2 期。
［7］陈兴良："'但书'规定的法理考察"，载《法学家》2014 年第 4 期。
［8］米铁男："论苏俄犯罪概念对特拉伊宁犯罪构成学说的影响"，载《暨

南学报（哲学社会科学版）》2014年第8期。

[9] 王尚新："关于刑法情节显著轻微规定的思考"，载《法学研究》2001年第5期。

[10] 曲三强："苏联刑法中的犯罪主体"，载《苏联东欧研究》1988年第1期。

[11] 何荣功、罗继洲："也论抽象危险犯的构造与刑法'但书'之关系——以危险驾驶罪为引例"，载《法学评论》2013年第5期。

[12] 俞可平："治理和善治引论"，载《马克思主义与现实》1999年第5期。

[13] 王世洲："中德划分罪与非罪方法的比较研究"，载《南京大学法律评论》1999年秋季号。

[14] 卢建平："贿赂犯罪十问"，载《人民检察》2005年第13期。

[15] 储槐植："我国刑法中犯罪概念的定量因素"，载《法学研究》1988年第2期。

[16] 储槐植、汪永乐："再论我国刑法中犯罪概念的定量因素"，载《法学研究》2000年第2期。

[17] 张勇："犯罪定量刑法模式的比较与选择"，载《河北法学》2006年第5期。

[18] 李居全："也论我国刑法中犯罪概念的定量因素——与储槐植教授和汪永乐博士商榷"，载《法律科学（西北政法学院学报）》2001年第1期。

[19] 黄明儒："论行政犯与刑事犯的区分对刑事立法的影响"，载赵秉志主编：《刑法论丛》（第13卷），法律出版社2008年版。

[20] 王世洲："罪与非罪之间的理论与实践——关于德国违反秩序法的几点考察"，载《比较法研究》2000年第2期。

[21] 卢建平："作为'治道'的刑事政策"，载《华东政法学院学报》2005年第4期。

[22] 李晓明："行政刑法的立论基础"，载《法学》2005年第2期。

[23] 马克昌："危险社会与刑法谦抑原则"，载《人民检察》2010年第3期。

［24］杨凯：“论刑法规范谦抑原则”，载《北方法学》2008 年第 3 期。

［25］陶红梅、陈葵阳：“西方自由主义的源与流”，载《学术界》2012 年第 5 期。

［26］游伟、谢锡美：“犯罪化原则与我国的'严打'政策"，载《政治与法律》2003 年第 1 期。

［27］卢建平：“刑事政策学的基本问题”，载《法学》2004 年第 2 期。

［28］卢建平：“论法治国家与刑事法治”，载《法学》1998 年第 9 期。

［29］卢建平：“法国违警罪制度对我国劳教制度改革的借鉴意义”，载《清华法学》2013 年第 3 期。

［30］孙笑侠：“司法权的本质是判断权——司法权与行政权的十大区别”，载《法学》1998 年第 8 期。

［31］陈瑞华：“司法权的性质——以刑事司法为范例的分析”，载《法学研究》2000 年第 5 期。

［32］陈兴良：“犯罪范围的合理定义”，载《法学研究》2008 年第 3 期。

［33］陈建强：“不批捕复议复核制度的问题及完善对策——以 2007 至 2009 年全国公安机关不服人民检察院不批准逮捕决定要求复议复核案件为分析样本”，载《天津法学》2011 年第 2 期。

［34］屈学武：“中国刑法上的罪量要素存废评析”，载《政治与法律》2013 年第 1 期。

［35］李洁：“中日刑事违法行为类型与其他违法行为类型关系之比较研究”，载《环球法律评论》2003 年第 3 期。

［36］何家弘：“司法公正论”，载《中国法学》1999 年第 2 期。

［37］徐显明：“何谓司法公正”，载《文史哲》1999 年第 6 期。

［38］俞可平：“警务创新与治理现代化”，载《公安学刊（浙江警察学院学报）》2014 年第 5 期。

［39］陈果、王新清：“国际刑事司法准则之于刑事人权保障”，载《学术界》2008 年第 1 期。

［40］樊崇义：“从'人权保障'到'人权司法保障制度'”，载《中国党政干部论坛》2014 年第 8 期。

［41］徐静村、孙长永：“中国内地犯罪嫌疑人的基本权利”，载《中国法

律》2000 年第 4 期。

[42] 张明楷："盗窃与抢夺的界限"，载《法学家》2006 年第 2 期。

[43] 游伟、谢锡美："非犯罪化思想的现实背景和理论基础"，载《犯罪研究》2002 年第 3 期。

[44] 刽作俊、刘蓓蕾："犯罪化与非犯罪化论纲"，载《中国刑事法杂志》2005 年第 5 期。

[45] 王林："美国刑事司法过度犯罪化——成因、后果及对策分析"，载《理论界》2015 年第 4 期。

[46] 张明楷："司法上的犯罪化与非犯罪化"，载《法学家》2008 年第 4 期。

[47] 李瑞生："论后劳教时代的社会与刑事立法之应对——关于犯罪化问题的研究"，载《新疆财经大学学报》2014 年第 2 期。

[48] 冯军："和谐社会与刑事立法"，载《南昌大学学报（人文社会科学版）》2007 年第 2 期。

[49] 刘晓莉："降低入罪门槛的当代价值探究——以《刑法修正案（八）草案》对生产销售假药罪的修正为视角"，载《政治与法律》2011 年第 1 期。

[50] 张明楷："论刑法的谦抑性"，载《法商研究（中南政法学院学报）》1995 年第 4 期。

[51] 刘媛媛："刑法谦抑性及其边界"，载《理论探索》2011 年第 5 期。

[52] 李永升："刑法与自由简论"，载《河南社会科学》2009 年第 1 期。

[53] 王世洲："刑法的辅助原则与谦抑原则的概念"，载《河北法学》2008 年第 10 期。

[54] 万发文、童凌："隐私权的认定与保护"，载《人民司法》2010 年第 18 期。

[55] 赵秉志："当代中国刑法中的人权保护（上）"，载《中共中央党校学报》2004 年第 4 期。

[56] 卢建平："加强对民生的刑法保护——民生刑法之提倡"，载《法学杂志》2010 年第 12 期。

[57] 卢建平："刑法宪法化简论"，载《云南大学学报（法学版）》2005

年第 4 期。
- [58] 周道鸾："中国刑法罪名解释的历史发展"，载《国家检察官学院学报》2009 年第 5 期。
- [59] 付立庆："'刑法危机'的症结何在——就犯罪圈、刑罚量问题的些许感想"，载《云南大学学报（法学版）》2007 年第 5 期。
- [60] 卢建平："犯罪门槛下降及其对刑法体系的挑战"，载《法学评论》2014 年第 6 期。
- [61] 储槐植："严而不厉：为刑法修订设计政策思想"，载《北京大学学报（哲学社会科学版）》1989 年第 6 期。
- [62] 卢建平："论法治国家与刑事法治"，载《法学》1998 年第 9 期。
- [63] 刘仁文："后劳教时代的法治再出发"，载《国家检察官学院学报》2015 年第 2 期。
- [64] 张绍谦："从刑罚特性看犯罪圈的界限"，载《河南省政法管理干部学院学报》2007 年第 5 期。
- [65] 孙洁："法治与和谐：犯罪化与非犯罪化的价值契合"，载《甘肃政法学院学报》2008 年第 5 期。
- [66] 曲新久："论个人自由的刑法保护与保障"，载《政法论坛》1999 年第 5 期。
- [67] 参见孙洪波："中国警察权属性分析"，载《中国人民公安大学学报（社会科学版）》2014 年第 1 期。
- [68] 赵秉志、金翼翔："CPTED 理论的历史梳理及中外对比"，载《青少年犯罪问题》2012 年第 3 期。
- [69] 王世洲、刘淑珺："零容忍政策探析"，载《中国人民公安大学学报（社会科学版）》2005 年第 4 期。
- [70] 李本森："破窗理论与美国的犯罪控制"，载《中国社会科学》2010 年第 5 期。
- [71] 黄豹、廖明会："社会治安综合治理中的零容忍理论研究"，载《中南民族大学学报（人文社会科学版）》2007 年第 S1 期。
- [72] 白建军："犯罪轻重的量化分析"，载《中国社会科学》2003 年第 6 期。

［73］王文华："论刑法中重罪与轻罪的划分",载《法学评论》2010年第2期。

［74］卢建平、叶良芳："重罪轻罪的划分及其意义",载《法学杂志》2005年第5期。

［75］郑丽萍："轻罪重罪之法定界分",载《中国法学》2013年第2期。

［76］王军、张寒玉："公诉工作中对轻微犯罪实行轻缓刑事政策问题的研究",载《人民检察》2007年第4期。

［77］储槐植："解构轻刑罪案,推出'微罪'概念",载《检察日报》2011年10月13日第3版。

［78］孙道萃："犯罪分层的标准与模式新论",载《法治研究》2013年第1期。

［79］赖早兴、贾健："罪等划分及相关制度重构",载《中国刑事法杂志》2009年第3期。

［80］储槐植、赵合理："国际视野下的宽严相济刑事政策",载《法学论坛》2007年第3期。

［81］谭光定："变革、完善我国刑罚体系的思考",载《探索》2002年第2期。

［82］陈兴良："刑罚改革论纲",载《法学家》2006年第1期。

［83］赵秉志："当代中国刑罚制度改革论纲",载《中国法学》2008年第3期。

［84］邓文莉："'两极化'刑事政策下的刑罚制度改革设想",载《法律科学》(西北政法学院学报)2007年第3期。

［85］杨凤宁："走向非监禁刑:从世界刑罚趋势看我国刑罚的改革",载《云南大学学报(法学版)》2004年第6期。

［86］王志祥、韩雪："我国刑法典的轻罪化改造",载《苏州大学学报(哲学社会科学版)》2015年第1期。

［87］郑丽萍："中国刑罚改革的系统性思路与进路",载《法学评论》2010年第6期。

［88］房清侠："前科消灭制度研究",载《法学研究》2001年第4期。

［89］于志刚："'犯罪记录'和'前科'混淆性认识的批判性思考",载

《法学研究》2010 年第 3 期。
[90] 李维娜:"论我国前科消灭制度的构建",载《河北法学》2003 年第 4 期。
[91] 张明楷:"日本刑法的发展及其启示",载《当代法学》2006 年第 1 期。
[92] 陈兴良:"限权与分权:刑事法治视野中的警察权",载《法律科学(西北政法学院学报)》2002 年第 1 期。
[93] 陈河北:"论警察权的程序控制",华东政法学院 2005 年硕士学位论文。
[94] 牛鲁敬:"盗窃罪的定罪量刑标准研究",烟台大学 2008 年硕士学位论文。

三、外文文献

[1] Dermot Walsh and Adrian Poole, *A Dictionary of Criminology*, Routledge & Kegan Paul, 1983.
[2] Bryan AGarner, *Black's Law Dictionary*, West Publishing Co, 2004.

四、网络资源

[1] 正义网,http://review.jcrb.com/200709/ca636914.htm,访问日期:2020 年 12 月 30 日。
[2] 联合国毒品与犯罪办公室,http://www.unodc.org/unodc/en/data-and-analysis/statistics/data.html,访问日期:2021 年 9 月 22 日。
[3] 京师刑事法治网,http://www.criminallawbnu.cn/criminal/info/showpage.asp? pkID=21843,访问日期:2015 年 7 月 13 日。
[4] 中国法院网,http://old.chinacourt.org/public/detail.php? id=250794,访问日期:2015 年 5 月 27 日。

后　记

　　本书是在我的博士后出站报告的基础上修改而成的。2014年至2016年，我有幸在北京师范大学刑事法律科学研究院跟随卢建平教授从事博士后研究工作。两年期间，我跟着卢老师的总体感觉是压力较大但十分愉快。之所以有压力，是因为卢老师学识渊博、笔耕不辍，因而著作颇丰，而且卢老师对学术非常严谨认真，而对于学识浅陋的我而言，尽管一直在学术道路上努力前行，但仍然深感导师的学术造诣遥不可及。在学术方面，卢老师对我指导、关怀颇多，从学术论文的研究方法、研究视角、研究领域等宏观方面，到论文的写作、文字的修改等具体事项，卢老师都耐心细致地给予我指导。故两年的博士后研究生涯，虽然收获良多，但一直有不小的学术压力。之所以愉快，是卢老师的性格使然。尽管卢老师为人师表、学富五车，但并无一副"严父"之相，相反，在学术之外，卢老师非常幽默风趣。每次向卢老师请教，和卢老师聊天，身心都倍感愉悦。人生有此良师，何其幸也！

　　在博士后出站报告写作过程中，我还得到了北京师范大学的刘志伟老师、王秀梅老师、阴建峰老师、王志祥老师、袁彬老师、赵晨光老师、李山河老师、赵书鸿老师的指导和帮助，诸位老师的惠泽让我受益匪浅、终生难忘。另外，卢老师门内的常秀娇、翁小平、姜瀛、王晓雪、孙本雄、皮婧婧、张力等多位博士给予了我大量无私的帮助，使我得以顺利完成报告写作，在此一并感谢。

在读博期间，偶尔跟同学去过北京师范大学，但真正对北京师范大学有感情，是在我博士后研究以后。北京师范大学美丽的校园、丰富的学术资源、开放的研究风气，非常适合做学问。矗立在校园京师广场上的古朴典雅的"木铎"，让人时时能够感觉到一种悠远的历史承延和厚重的学术积淀，也更催生一种努力惜时、积极奋进的心态。两年期间，我对北京师范大学产生了一种亲切而难以磨灭的感情。

感谢我的家人。2016年出站工作以后，我便结婚生子，女儿和儿子的先后出生，给家庭带来了无尽的快乐，但也占据了我大部分的时间。感谢我的妻子于方方女士，她在工作之余，承担了绝大部分的家务，默默地为家庭付出，任劳任怨。感谢我的父母、岳父母，他们不辞辛劳，轮番从老家来京帮忙照顾孩子，使我能够挤出一些时间从事教学和研究工作。我内心十分感激，也颇有内疚。一个家庭就像一条小船，共同努力，驶向充满希望的彼岸。

最后，感谢首都经济贸易大学法学院的同仁。2020年5月，我从人民检察杂志社调入高校任教。首都经济贸易大学法学院院长张世君教授和其他院领导给予新调入教师诸多关怀帮助，使我有更多精力从事刑法学的学习和研究，并且本书的出版也得到了法学院和学校的资助。

时光荏苒，我乐意用一生时间做一个刑法学人，做一个对他人、对社会有用的人。